悖论研究译丛

主编 陈波

10个道德悖论

10 Moral Paradoxes

[以]索尔·史密兰斯基（Saul Smilansky） 著

王习胜 译

中国人民大学出版社

·北京·

关于本书

从形而上学到逻辑学，悖论在哲学研究中的重要性可以从其丰富的文献上得到显现。但到目前为止，在伦理学中很少见到对悖论的批判性研究。在伦理学的前沿工作中，《10个道德悖论》首次为道德悖论的中心地位提供了有力的证据。它提出了10个不同的、原创的道德悖论，挑战了我们某些最为深刻的道德观点。这本具有创新性的书追问了道德悖论的存在究竟是有害的还是有益的，并且在更为广泛的意义上探讨了悖论能够在道德和生活上教给我们什么。

关于作者

索尔·史密兰斯基（Saul Smilanky）是以色列海法大学（the University of Haifa）哲学系教授。他是广受赞誉的《自由意志与幻觉》（*Free Will and Illusion*，2000）一书的作者，并在《南方哲学》（*Southern Journal of Philosophy*）、《澳大利亚哲学》（*Australian Journal of Philosophy*）、《实用》（*Utilitas*）等重要哲学期刊上发表了《两个关于正义与加重惩罚的明显的悖论》（"Two Apparent Paradoxes about Justice and the Severity of Punishment"）、《宁愿不出生》（"Preferring not to Have Been Born"）、《道德抱怨悖论》（"The Paradox of Beneficial Retirement"）等多篇论文。

关于译者

王习胜，安徽省学术与技术带头人、宣传文化（社科理论类）拔尖人才，安徽师范大学二级教授、博士生导师、马克思主义研究中心常务副主任。兼任安徽省高校思想政治理论课教学指导委员会委员、"基础"课程组副主任，安徽省马克思主义学会常务理事，安徽省哲学学会常务理事，中国逻辑学会理事，全国辩证逻辑专业委员会副主任委员，全国教育逻辑专业委员会副主任委员等。主持并完成国家哲学社会科学基金重点项目 3 项、教育部人文社科项目 3 项、省级重点和一般项目 9 项。先后在《哲学与文化》《马克思主义研究》《光明日报》《哲学动态》《自然辩证法通讯》等专业刊物发表论文 100 余篇，出版《泛悖论与科学理论创新机制研究》等著作 10 余部。

总　序

2014 年，北京大学出版社出版了我的两本悖论书：《悖论研究》和《思维魔方——让哲学家和数学家纠结的悖论》，后者是前者的通俗普及版。两本书都受到读者和图书市场的欢迎。《思维魔方》于 2016 年出了（小幅）修订版，《悖论研究》于 2017 年出了第 2 版。

在《悖论研究》中，我接受"悖论有程度之分"的说法，把"悖论"不太严格地按从低到高的悖论度分为以下六类：

（1）悖谬，直接地说，就是谬误。例如，苏格拉底关于结婚的两难推理、古希腊麦加拉派的"有角者"和"狗父"论证、墨家谈到的"以言为尽悖"，以及后人提出的赌徒谬误、小世界悖论，等等。

（2）一串可导致矛盾或矛盾等价式的推理过程，但很容易发现其中某个前提或某个预设为假。例如，鳄鱼悖论、国王和大公鸡悖论、守桥人悖论、堂吉诃德悖论、理发师悖论，等等。

（3）违反常识，不合直观，但隐含着深刻思想的"怪"命题。例如，芝诺悖论、苏格拉底悖论、半费之讼、幕后人悖论、厄特克里拉悖论、各种连锁悖论、有关数学无穷的各种悖论、邓析的"两可之说"、惠施的"历物之意"、辩者的"二十一事"、公孙龙的"白马非马"和"坚白相离"、庄子的吊诡之辞，等等。

（4）有深广的理论背景，具有很大挑战性的难题或谜题，它们对相应科学理论的发展有重大启示或促进作用。例如，休谟问题、康德的各种二律背反、弗雷格之谜、罗素的"非存在之谜"、克里普克的信念之谜、盖梯尔问题、囚徒困境，等等。

（5）一组信念或科学原理的相互冲突或矛盾，它们中的每一个都得到很强的支持，放弃其中任何一个都会导致很大的麻烦。例如，有关上帝的各种悖论、有些逻辑-集合论悖论、有些语义悖论、各种归纳悖论、许多认知悖论、许多合理决策和行动的悖论、绝大多数道德悖论，等等。

（6）由一个和一些命题导致的矛盾等价式：由假设它们成立可推出它们不成立，由假设它们不成立可推出它们成立，最典型的是罗素悖论；或者，由假设它们为真可推出它们为假，由假设它们为假可推出它们为真，最典型的是说谎者悖论和非自谓悖论。在这类悖论中，以逻辑-数学悖论和语义悖论居多。

为了与国际学术界保持一致，我对"悖论"秉持如下广义理解：

> 如果从看起来合理的前提出发，通过看起来有效的逻辑推导，得出了两个自相矛盾的命题或者这样两个命题的等价式，则称得出了悖论：$(p \rightarrow (q \wedge \neg q) \vee (q \leftrightarrow \neg q))$。p 是一个悖论语句，这个推导过程构成一个悖论。

在我看来，悖论是思维中深层次的矛盾，并且是难解的矛盾。它们以触目惊心的形式向我们展示了：我们的看似合理、有效的"共识""前提""推理规则"在某些地方出了问题，我们思维中最基本的概念、原理、原则在某些地方潜藏着风险。悖论对人类的理智构成严重的挑战，并在人类的认知发展和科学发展中起重要作用。

总体而言，我对悖论持有如下几个基本看法：（1）很难找到为所有悖论所共有的统一结构，但某些类型的悖论或许有近似结构；（2）很难发现适用于所有悖论的一揽子悖论方案；（3）悖论要分类型解决，甚至个别地分析和解决；（4）不可能一劳永逸地解决所有悖论；（5）悖论意味着人类认知和思维的困境，它们几乎与人类的认知和思维同在。

基于以上认识，我主张，不要把太多精力花在试图一揽子或一劳永逸地解决所有悖论上，而要拉大悖论研究的视野，提升悖论研究的格局，全方面、多途径地推进中国的悖论研究，把悖论研究和教学的事情在中国做活、做火。具体来讲，关于悖论研究，我们可以做如下具体事情：

（1）对悖论的个例及其类型的完整把握：历史上已经提出了哪些悖论？大致有哪些类型？其中哪些已经获得初步解决？哪些尚待解决？最好

有一个相对完整的清单。

（2）对古人和前辈的悖论研究的准确理解：关于悖论研究，我们的古人和前辈已经做了哪些工作？提出了哪些独到的分析和解决方案？各自有什么优势和缺陷？在学术界的认可度和接受度如何？特别有必要厘清欧洲中世纪关于不可解问题的研究。

（3）作为中国学者，我们更有责任去厘清和研究中国古代文化中所提出的各种悖论，以及关于它们的解决方案。

（4）关于一些具体悖论甚至悖论总体，我们能够提出哪些独到的分析？发展出什么原创性的解悖方案？

（5）我们有必要全方位地开发悖论研究的价值：不仅探讨悖论的认知价值，特别是对科学发展的促进作用，还要注意开发悖论研究的教育学价值以及社会文化功能。

从上述考虑出发，我倡导做以下三件大事去推进中国的悖论研究：

第一，把悖论推向大学通识教育课堂，以及通过撰写普及读物、做公开讲演，把悖论推向公众。我在北京大学开设了"悖论研究"选修课，以及向公众免费提供的慕课"悖论：思维的魔方"，还给该慕课拟定了口号："学悖论课程，玩思维魔方，做最强大脑！"我认为，在大学开设悖论选修课的好处有：

➤为学生打开一片理智天空；

➤激发学生的理智好奇心；

➤引导学生对问题做独立思考；

➤引导学生思考别人对问题的思考；

➤引导学生识别什么样的思考是好的思考，什么样的思考是不好的思考；

➤培养学生一种健康、温和的怀疑主义态度，从而避免教条主义和独断论；

➤培养学生一种宽容、接纳的文明态度，不要轻易地下关于对错的绝对判断：走着瞧，等着看，看从某种观点或方案中能够发展出什么，衍生出什么，最后能够做成什么。

第二，通过召开学术会议，组织国内外悖论研究同行在一起切磋交流。已经分别在北京大学、上海大学和西南财经大学召开了三次"悖论研究小型研讨会"。2016 年，在北京大学召开了"悖论、逻辑和哲学"国际研讨会，来自美国、德国、荷兰、芬兰、意大利、澳大利亚、南非、日本、菲律宾、中国以及港澳台地区的 30 多位学者在会议上报告论文，另外有 30 多位来自全国各地的学者与会旁听。在 2018 年于北京召开的世界哲学大会上，组织了两次悖论圆桌会议，主题分别为"语义悖论、模糊性及连锁悖论""认知悖论和知识"。

第三，与中国人民大学出版社合作，推出"悖论研究译丛"，翻译出版 10 本左右国外的悖论研究著作。我邀请南京大学悖论研究专家张建军教授与我一道主编这套译丛。

感谢中国人民大学出版社学术出版中心杨宗元主任接受出版这套"悖论研究译丛"，感谢本译丛的各位译者认真负责的翻译工作，感谢本译丛的各位编辑认真负责的编辑工作，还要感谢张建军教授在本译丛上投入的智识和付出的辛劳。

希望读者们喜欢本译丛中的各本著作，也欢迎你们对本译丛的策划和翻译提出建议与批评，我们将予以认真对待。

陈 波

2018 年 9 月 30 日于京西博雅西园

好吧，悖论的方式就是真理的方式。对于真相，我们必须让它走在钢丝上时才能看清它。当真理成为杂技演员时，我们就可以评判它们。

——奥斯卡·威尔德（Oscar Wilde），

《多里安·格雷的肖像》（*The Picture of Dorian Gray*）

神也喜欢开玩笑。

——亚里士多德

致乔纳森

目　录

图表目录

致　谢

悖论是沉寂的毒药，是腐烂心灵的闪光面，是最大的堕落。

——托马斯·曼（Thomas Mann），

《魔山》（*The Magic Mountain*）

多年来，许多人一如既往地协助我研究悖论，所以，我们希望托马
斯·曼是被误解的。但是，无论如何，我非常感激在本书写作的不同阶
段，阅读它并对它给予评价的人。我试图记录下这些帮助者，并向任何我
可能忘记的人致歉。

许多人对我的一篇或多篇文章的初稿或者重写版本给出了极富帮助
的意见，他们包括什罗米特·柏鲁克（Shlomit Baruch）、丹·拜因（Dan
Bein）、亚伦·本夫（Aaron Ben-Zeev）、艾维纳·沙利特（Avner de-
Shalit）、大卫·伊诺克（David Enoch）、加利亚·盖斯特（Galia Geist）、
亚米哈·吉利德（Amihud Gilead）、迈克尔·格罗斯（Michael Gross）、梅
尔·赫谟（Meir Hemmo）、大卫·海德（David Heyd）、吉奥拉·洪（Gio-
ra Hon）、道格·胡萨克（Doug Husak）、哈格尔·卡哈纳－史密兰斯基
（Hagar Kahana-Smilansky）、艾多·兰道（Iddo Landau）、詹姆斯·莱曼
（James Lenman）、卡斯珀·利普特－拉斯穆森（Kasper Lippert-Rasmus-
sen）、塔尔·马诺尔（Tal Manor）、杰夫·麦克马汉（Jeff McMahan）、爱
丽儿·梅拉夫（Ariel Meirav）、麦拉夫·米兹拉希（Merav Mizrahi）、雅各
布·罗斯（Jacob Ross）、西蒙·鲁宾（Simon Rubin）、艾利·萨尔兹伯格
（Eli Salzberger）、乔纳森·赛格劳（JonathanSeglow）、乔纳森·史密兰斯
基（Jonathan Smilansky）、丹尼尔·斯塔特曼（Daniel Statman）、希勒尔·

施坦纳（Hillel Steiner）、拉里·特姆金（Larry Temkin）和艾迪·塞蒙克（Eddy Zemach）。

X 　在这里我还要提到一些不便透露姓名的人，一个学术版本的无名战士纪念碑：那些接受我论文的期刊审稿人，以及那些拒绝我文章的不宜说出的期刊审稿人。这些审稿人（以及编辑）经常提出好的建议。我不能奢望提及在我的文章发表后所有给予其评论的人。然而，我还是要特别感谢尤瓦尔·科恩（Yuval Cohen）（关于幸运的不幸悖论）、帕特里夏·格林斯潘（Patricia Greenspan）（关于不因道德之恶而愧疚悖论）、马克·塞恩斯伯里（Mark Sainsbury）（关于悖论的本质）、亚历克斯·塔巴洛克（Alex Tabarrok）（关于有益退休悖论）、梅什·尤里（Meshi Uri）（关于惩罚的悖论），以及迈克尔·克拉克（Michael Clark）、G. A. 科恩（G. A. Cohen）、尼尔·埃亚尔（Nir Eyal）、塞西尔·法布尔（Cecile Fabre）、梅尔·赫谟、卡斯珀·利普特－拉斯穆森、希勒尔·施坦纳，他们每一个人都与我就悖论问题进行了广泛的讨论。一些人将文章发回给我并回应了我的悖论问题，其中詹姆斯·莱曼、卡斯珀·利普特－拉斯穆森和塔尔·马诺尔的文章连同我的回复已经或即将出版。我非常感激他们对我工作的关注。

阿隆·卡西德（Alon Chasid）、艾维纳·沙利特、大卫·伊诺克、亚米哈·吉利德、迈克尔·格罗斯、道格·胡萨克、哈格尔·卡哈纳－史密兰斯基、梅纳赫姆·凯尔纳（Menachem Kellner）、艾多·兰道、詹姆斯·莱曼、塔尔·马诺尔、杰夫·麦克马汉、爱丽儿·梅拉夫、阿维塔尔·皮尔佩尔（Avital Pilpel）、阿尔玛·史密兰斯基（Alma Smilansky）、乔纳森·史密兰斯基、丹尼尔·斯塔特曼、西蒙·魏格雷（Simon Wigley）、尼克·赞格威尔（Nick Zangwill），值得我特别感谢，感谢他们慷慨地阅读了全部或者大部分书稿，并给出评论，他们对本书做出了巨大的贡献。艾多、哈格尔和丹尼（Danny）值得我更多地称赞，因为他们在完成以上工作的时候事先几乎已经读过作为单篇文章的悖论内容。当然，对于仍然存在的错误，他们也承担着更多的责任。

在 2004 年冬天和 2006 年春天的课程中，我非常有幸同时也受益于与海法大学（the University of Haifa）的学生一起阅读这本书的初稿。我将在更多的学术论坛——远过于我在这里所能提到的，譬如，丹麦、以色列、葡萄牙、土耳其、英国和美国——上做一些关于悖论的报告。

2003—2004 年，在罗格斯大学（Rutgers University）的学术休假的一年中，我完成了三个悖论的写作，产生了写作这本书的想法，并开始付诸实施。我非常感谢罗格斯大学优秀的哲学系提供的热情接待。我特别感谢 XI 一些人：拉里·特姆金，作为我的赞助人，也是该系最受欢迎的主事人，感谢他与我数小时的哲学交流；感谢杰夫·麦克马汉在哲学方面和非哲学方面给予我持续的关怀与深刻的思想贡献；感谢道格·胡萨克在很多愉快的午餐时间与我谈论关于惩罚的问题。苏珊·维奥拉（Susan Viola）、梅赛德斯·迪亚兹（Mercedes Diaz）、保琳·米切尔（Pauline Mitchell）和马修·沃斯尼亚克（Matthew Wosniak）关照了我诸多需求，在他们的帮助下我在该系度过了愉快而且富有成效的一年。

我非常幸运地得到爱丽丝·科勒（Alice Koller）的帮助，是她让我的手稿思路更加清晰、写作更加流畅，我很感谢她付出的努力和提出的建议。我也很感谢安东尼·格雷林（Anthony Grayling）给予的慷慨咨询以及在出版方面的鼓励。尼克·贝洛里尼（Nick Bellorini）——布莱克维尔（Blackwell）出版社的哲学编辑，从一开始就关注我这个项目，他始终是一位完美的编辑。布莱克维尔出版社的两位审稿人对本书予以了支持，并就一些细节给出了富有帮助的批判性建议。很高兴与吉利安·凯恩（Gillian Kane）、凯文·马修斯（Kelvin Matthews）、瓦莱丽·罗丝（Valery Rose）合作设计与制作这本书。阿尔玛·史密兰斯基绘制了图表。马里昂·鲁普最后审阅并完成了书稿的矫正。

在这里，我就不多加表达对朋友们的感谢之情了，他们中的大多数在我完成这部著作的过程中在其他方面给予了帮助。我相信他们知道他们是谁，也知道我内心对他们的感谢。然而，这里我还是要特别提到在我的悖论研究和写作过程中一直密切地跟随着我的艾多·兰道，他在每一个阶段都给予了帮助和支持。我能够持续努力工作的动力一如既往地来自我母亲萨拉（Sarah），以及哈格尔、阿尔玛和乔纳森他们对我的爱。谨以此书献给我的兄弟——乔纳森。

我衷心感谢编辑和出版商许可使用以下文章：《两个关于正义与加重惩

罚的明显的悖论》（"Two Apparent Paradoxes about Justice and the Severity of Punishment"）[《南方哲学》（*Southern Journal of Philosophy*），30（1992）：123-128]、《幸运的不幸》（"Fortunate Misfortune"）[《比率》（*Ratio*），7（1994）：153-163]、《我们可以停止担心勒索吗?》（"May We Stop Worrying about Blackmail?"）[《分析》（*Analysis*），55（1995）：116-120]、《宁愿不出生》（"Preferring not to Have Been Born"）[《澳大利亚哲学》（*Australian Journal of Philosophy*），7（1997）：241-247]、《勒索》（"Blackmail"）[《伦理百科全书》（*Encyclopedia of Ethics*），第2版，伦敦：劳特利奇出版社，2001]、《选择——平等主义和基线悖论》（"Choice-egalitarianism and the Paradox of the Baseline"）[《分析》，63（2003）：146-151]、《不因道德之恶而愧疚》（"On not Being Sorry about the Morally Bad"）[《哲学》（*Philosophy*），80（2005）：261-265]、《道德与道德价值之间的悖论关系》（"The Paradoxical Relationship between Morality and Moral Worth"）[《元哲学》（*Metaphilosophy*），36（2005）：490-500]、《有益退休悖论》（"The Paradox of Beneficial Retirement"）[《比率》，18（2005）：332-337]、《道德抱怨悖论》（"The Paradox of Moral Complaint"）[《实用》（*Utilitas*），18（2006）：284-290]。

导　言

　　哲学的要点在于从看似不值得说的简单东西开始，最终却以没人相信的悖论方式结束。

——伯特兰·罗素（Bertrand Russell），

《逻辑原子论哲学》（*The Philosophy of Logical Atomism*）

　　如果说上帝是全善、全能、全知的，那么世界上为何有那么多的痛苦和邪恶？如果每个事件包括我们所做的每个选择都有一个原因（否则，怎么会发生？），那么，既然选择有其原因，我们如何能够做出更好的选择？

　　像许多其他人一样，主要是对如此明显之悖论产生了不可抗拒的兴趣，我在十几岁时就对哲学产生了兴趣。然而，爱好哲学谜题的大多数年轻人克服了这种诱惑，成为他们团体中的骨干，但我似乎并没有完成这一转变。事实上，第二个困惑（或许不是困惑，准确地说是一个悖论）是一个关于自由意志的问题，深深地困扰着我，以至于我倾力于研究该问题十多年。我的专著《自由意志与幻觉》（*Free Will and Illusion*，2000）就是研究成果。[1] 声名狼藉的"说谎者悖论"或芝诺悖论也引起了我的兴趣（对于哲学悖论的调查，参见 Poundstone 1990、Sainsbury 1996、Rescher 2001、Clark 2002、Olin 2003、Sorensen 2003）。当我还是哲学新手的时候，我经常尝试在不太熟悉的亲友身上应用这些悖论。即使是在我的早期教育 中，逻辑悖论、形而上学或知识论似乎也不是真正重要的事，但是它们极其有趣，而且可能会教给我们一些东西。对我来说，唯有悖论是真正重要的，它对道德问题或"生命的意义"构成了影响。

因此，我的哲学工作从一开始就与道德悖论相关联。我对道德悖论之重要性的看法在道德哲学家中并不常见。虽然悖论被认为是逻辑学、形而上学和知识论的中心，大量的文献也反映了它的中心性，但在伦理学中悖论缺乏这样的地位。至少在西方哲学中是如此，在更为注重细致严谨的分析风格的英美学界尤其如此。不仅没有关于这个话题的学术专著，而且据我所知，也没有在"道德悖论"标题或类似标题下的普通论文集，没有关于这个话题的调查文章，没有致力于此的专业性杂志。然而，在其他哲学领域却充满着关于悖论的文章和书籍，正如在伦理学领域存在着许多关于"无悖论性"问题的文章和书籍一样。在当代分析伦理思想中，一些道德悖论发挥了重要的作用，但却罕见人们意识到道德悖论的中心地位，以及关注发现道德悖论。[2]

为什么会如此，并不清楚，但这可能与悖论的气质有很大的关系。悖论通常富含逻辑的严谨性、简洁性、某种形式的不合常理性，以及对危险的未定点的开放性。或许那些严谨的人并不认为道德中存在悖论问题。而且，许多关心道德的哲学家似乎反对以下观点：道德问题可以或者应该被以幽默和不敬的态度简单地对待。在其他哲学领域，悖论可以被认为是具有挑战性的、充满活力的；在伦理学领域，人类生活和社会结构会因道德悖论而受到影响，所以人们自然会认为它们是有妨碍的，是有危险的。况且，道德悖论是难以接近的！由于方法与实质上的原因造成了对该话题的忽视。在我看来，追问悖论是哲学发展的很大动力，尽管我们不希望悖论止步于探究；在一定程度上，我们认为清晰而深刻的思考在道德上是重要的，这样的追求也是一种道德的行为。

道德悖论是有趣的，然而，尽管我们可以拥有它带来的所有乐趣，但是悖论的存在也会对基本的道德直觉、对我们的伦理理论，总之对我们心灵的平静产生野蛮的威胁。在日常生活中，当我们看到一个小伤口时，我们试图迅速治愈它，我们给它系上绷带。好的哲学却恰恰相反。哲学的目的在于从那些看似平淡无奇与较好的事件中发现或者说产生伤口，一个小伤口的出现会引起强烈的反应。在这方面，与其他方式一样，悖论是哲学的缩影。悖论出现于我们理解的最前沿，并引导我们不断深入。悖论是哲学的俳句：令人烦恼而又诙谐、短暂而又有限，是逻辑的也是现实存在的。

本书从两个层面展开。首先，提出十个截然不同的原初悖论，每个悖论探索一个不同的主题，这将有助于我们从不同的方面理解道德与生活。这些内容是可以单独阅读的。其次，对悖论进行逐步探索——有两章的内容是倾力于此的，意在说明道德和生活是悖论性的，以及我们应该如何处理这个问题。

什么是悖论？一些哲学家不愿意把某些问题看作悖论，除非所探讨的观点符合导致严格的逻辑矛盾的标准。另外一些人，其至包括一些哲学家则显得太宽容。在谈论某些令人困惑、不寻常、意想不到或讽刺的事情时，他们都使用"悖论"一词。我在这里介绍的道德悖论表明，在这两个不良极端之间的区域是非常广泛的。我们不要求悖论是严格的逻辑矛盾，但即便如此我们也需要严谨地对待那些被我们认定为"悖论"的悖论。W. V. 奎因（W. V. Quine）在他的经典论文《悖论的方法》（"The Ways of Paradox"）中提出（并回答）："我们可以说，在一般意义上，悖论正是那些初听起来荒谬但却具有逻辑论证来支撑的论断吗？最后，我认为这一解释是较为合理的。"（Quine 1976: 1）在我看来，这一说法极不严谨，因为"初"听起来荒谬是不充分的：一个令人惊讶但（通过反思）却易于接受的论断并不是悖论。R. M. 塞恩斯伯里在他的《悖论》（*Paradoxes*）一书中以简洁的定义揭示了悖论的要点："我对悖论的理解是：由显然可以接受的前提，通过显然可以接受的推理，得出显然不可接受的结论。"（Sainsbury 1996: 1）[3] 我们通常可以看到，悖论的前提和推理不仅是显然可以接受的，而且似乎是不可争辩的。

奎因区分了三种悖论：真实的、虚假的和二律背反的悖论。在真实的悖论中，看似荒谬的结果被证明是真实的。我们应该接受它的真实性，学会理解它的非悖论性。虚假的悖论包含对假结果的抵御（例如，1 = 2；或者是在芝诺悖论"阿喀琉斯和乌龟"中否定我们熟悉的运动观），可以通过拒绝一个前提或论证进行消解。在二律背反的悖论中，两个论证的链条导致矛盾的结果，其中每一个都似乎有很好的支撑。我们似乎不能放弃任何一方。[4]

除了这些传统的术语，我认为我们需要另一个概念，即"存在性悖论"（existential paradox）。这一类型的悖论与真实的悖论都含有真理性，但其悖论性也是真实的。然而，在奎因看来，真实的悖论是真实的，并且仅仅表现出了悖论性；存在性悖论是真实的，并且具有现实性的悖论性。在存在性悖论中，即便在反思之后仍然觉得它的论断是荒谬的，但不管它的论断多么荒谬，都完全需要像真实的那样接受这个论断。虚假的悖论中的错误不在于导致悖论性论断的假设或者论证，而在于这个论断所描述的"现实"。历史地看，那些遭遇非道德悖论的哲学家强调严格意义的矛盾，以集中探索论证的前提或有效性出现了什么错误。但是，正如我们将要看到的，有些道德悖论的案例披露了部分道德现实（按照我们对道德的最佳理解）是荒谬的。在这个意义上，存在性悖论是建设性的，我们无须为了解决悖论而拼命地回溯、检查我们是如何得出结论的，恰恰相反，矛盾的结果显露了事情是怎样发生的。在非道德悖论的讨论中有几个相似之处。例如，庞德斯通（Poundstone）问："悖论是全部在我们的脑海里，还是建立在逻辑的普遍结构之中？"（Poundstone 1990: 19）我们的焦点将在道德悖论上。那么，一个悖论也可能是从可接受的前提通过可接受的推理得出荒谬的论断。

是什么导致了荒谬？在与我们相关的意义上说某种事态是荒谬的，就是说该事态是与人类的理性、人性或者我们对道德秩序的基本期望之间存在某种本质上相异的关系。除了这种广泛的特征之外，我们将保持这种观念的直观性，并且假设在讨论那些相关悖论的过程中，它将变得更加清晰。既然我的目标是在强有力的意义上使用"悖论"一词，那么相应的谬论就应有实质性的意义才能构成悖论。

我的悖论将分为以下多种。悖论当然是繁杂的，每个悖论都需以不同的方式进行讨论，这似乎才是恰当的。

第一章，"幸运的不幸悖论"（"Fortunate Misfortune"）①，涉及一种特殊但常见的情况。在这种情况中，目前尚不清楚如何去解释某些具有深刻影响的经历。我所列举的是那些发生在人们身上的极其糟糕的事件（例如天生身体严重残疾或者极其贫困），但是这些困难总体上却有助于改善

---

① 根据史密兰斯基在本书的相关文章中的指谓，在翻译本书各章名称时，原文没有"paradox"的，在翻译成中文时统一加上了"悖论"一词。——译者注

他们的生活。这就提出了如何看待这种最初的不幸的问题。这是一种被克服了的不幸，还是事实上就是一种好运？那些遭受不幸的人是否因为这种不幸而值得获得我们的同情与补偿，尽管这种不幸使他们在整体上生活得较好？悖论性在于，我们倾向于即刻思考这些经历是否不幸。我总结了很多幸运的不幸案例，我们应当抓住关键：即使最严重的不幸也需要被视为好运，尽管这种观点似乎充满矛盾。

第二章，"有益退休悖论"（"The Paradox of Beneficial Retirement"），是一个对许多人有相当威胁的论争，涉及何时应该退休。对日常生活中如此熟悉的事务的处理，似乎引起了意想不到的反应。我认为在许多职业与追求（如医师或学者）中，或许有 50% 的人应该考虑离职，如果他们是正直的话。因为有比他们优秀的人可以取代他们。

第三章，"两个关于正义与加重惩罚的悖论"（"Two Paradoxes about Justice and the Severity of Punishment"），以极端的方式揭示了两种角色之间的紧张关系，即在我们的日常观念中应该怎样发挥效率与应得的惩罚之裁量的作用。一方面，来自下层社会的大多数罪犯，由于恶劣的成长环境，应该获得从轻惩罚。另一方面，基本上由于同样的原因，如果要阻止他们的犯罪行为，其中很多人也可能需要更严厉的惩罚威慑。这就意味着微妙的道德事件的产生，我将其描述为两个相关的悖论。

第四章，"勒索悖论：解决方案"（"Blackmail: The Solution"），研究了两个关于勒索的传统悖论。第二个（也是更令人困惑的）是把普通勒索，例如，威胁一个男人，不付钱就向其妻子泄露他的不忠，与其他许多常见的社会习俗进行比较。这些看起来似乎是相似的，但与勒索不同，它们并不被认为是道德上的恶行，也不是非法的。而传统悖论则宣称普通勒索与其他做法没有什么不同。那么，我们是否需要扩大对勒索的理解，以禁止许多常见的做法，还是应该将普通勒索定罪？在考察了多种试图针对勒索的解释之后，我断定现有的解释都不算成功。为此，我提供了一个自己的解决方案，尽管这个方案本身也存在几分悖论性。

第五章，"免于惩罚悖论"（"The Paradox of Non-Punishment"），为了预防犯罪而提出一种激进方案，以严厉的和不成比例的惩罚威慑阻止可能出现的某种类型的犯罪。如果我们实现了完美威慑，那么立刻就没有任何犯罪行为，没有惩罚，这听起来是理想的。但是，令人怀疑的是公正制度能否通过不公正的惩罚威慑得到实现（即使在不需要执行公正的情况下，也不会造成不公正）。在这一方案中，拒绝和接受似乎都是悖论性的。

第六章，"不因道德之恶而愧疚悖论"（"On not Being Sorry about the Morally Bad"），探讨了那些当道德之恶发生在他人身上时，道德上允许人们不对此感到愧疚（甚至可以感到高兴）的情况。我通过对无辜婴儿到新纳粹分子和强奸犯的相关案例的考察，展现了这个观点。但是，当情况直观地令人信服时，道德该如何言说？

第七章，"选择—平等主义与基线悖论"（"Choice-Egalitarianism and the Paradox of the Baseline"），是反对哲学平等主义的一个归谬证明，哲学平等主义是"亲"平等的立场，即在思考正义与平等时尊重选择和责任。尽管有人假设这个观点最初看来是最优的，但它最终会产生某种可笑的结果。

第八章，"道德与道德价值悖论"（"Morality and Moral Worth"），阐明了在真正道德的目的（如消除苦难和严重错误）与以下这个事实之间的矛盾：正是那些需要被消除的条件引起了赋予道德价值的道德行为。道德最终就如同那些神话中吞下自己尾巴的动物一样。

第九章，"道德抱怨悖论"（"The Paradox of Moral Complaint"），探讨了他人对我们的所作所为与我们对他人的所作所为之间的关系。我研究了三个例子，即造谣者、罪犯和恐怖分子，他们抱怨他人的所作所为。那么，人们什么时候可以抱怨？这一点并不十分清晰。

8　　　第十章，"宁愿不出生悖论"（"Preferring Not to Have Been Born"），探究了那些似乎不可能的事，即宁愿不出生但同时又认为生命是有价值的。我们看出或许这是有道理的，这扩展了我们对什么是理性的理解，并与我们对处于边缘情势中的人们（例如，极其敏感的人，或者鄙视自己的人，或者厌倦生活的老年人）的评判相关。

第十一章，"一个元悖论：悖论不好吗？"（"A Meta-Paradox：Are Paradoxes Bad?"），这是我们在回顾所研究的其他悖论时出现的元悖论问题，追问我们是否应当对悖论的发生感到遗憾，并设法阻止悖论的发生。我们看到，从道义与个人层面来说，悖论的存在往往表明事情进展顺利，有时候悖论甚至应当受到鼓励。

第十二章，"道德悖论之反思"（"Reflections on Moral Paradox"），是本书的总结性章节。在审视了我们的悖论研究之后，我们讨论了一些问题，它们涉及道德和人类生活中新兴的悖论性问题。结果是复杂的，我希望它们能被认为是有趣的。

后记，"未来与道德悖论"（"The Future and Moral Paradox"），展望了道德悖论的未来及可能的影响。

我们的讨论应当不超过道德领域内任何哲学论证的最低限度要求：道德对话是这样一个领域，在其中理由被给出，并可被评估为令人信服或不令人信服的，论断也能够被批评、纠正和拓展。

要做得恰当，哲学是至关重要的、理性的、智慧的和诚实的。哲学不是一套教义，也不是一套知识体系。相反，哲学主要是一个过程，一种接近某些类型问题的方法。这意味着那些不熟知哲学的人无法通过掌握一些事实而习得哲学，只有通过哲学发挥效用的方式才能逐渐熟悉它。本书应该有助于那些愿意付出努力的人。阅读本书并不需要事先有哲学研究。

本书中将很少使用哲学术语。唯一出现的例子是经常被称为"功利主义"的道德理论。大致来说，功利主义主张，人们的行动始终应该为了使世界上的幸福或福利的总和最大化。其他的一些术语将会在其出现时做解释。

在其他具体的意义之外，在更一般的意义上，悖论的存在在哲学、道德或生活层面教给了我们什么？在我们熟悉了具体的悖论之后，最后两章即"一个元悖论"和"道德悖论之反思"将讨论这些问题。我相信，道德悖论非常有助于我们从哲学层面理解道德和我们自己。悖论被嵌入我们道德的、社会的和个人的实际生活中，展现出生活的丰富性、复杂性、偶尔的逆境与非理性。悖论性的存在是持续的，我们需要从中学习并学会应对它。在未来，正如后记中所提出的，这将只会变得更是如此。

从所述情况看，问题的开放性及其所引发的进一步研究的视野将变得明显。我并不宣称提供了详尽的或最终的讨论。本书旨在打开我们的思想，展现分析道德哲学如何可能既是令人愉悦的又是富有启发性的，提出新问题，提出可能性的解决方案（当我发现它们的时候），并向读者提出挑战他或她自身的悖论。最后，在我对本书的悖论（除了第十一章的元悖论）进行排序时有一个主题或者甚至赋予了其美学意义，但并不需要按照我提供的顺序阅读。像短篇小说集一样，读者可以跳跃性地、有选择性地阅读。对敢于冒险的人来说，最好的方法就是与悖论共舞。

注释

［1］我有关自由意志的论证也产生了悖论。最令人惊讶的是强决定论和道德价值。（Smilansky 1994a; Smilansky 2000: sec. 10.1）一些批评者确实声称，我对自由意志的整个立场是悖论性的。我没有在本书中列出这些已经发表的论述：这十个道德悖论都与自由意志不存在直接的联系。

［2］德里克·帕菲特（Derek Parfit）的早期工作，主要体现在《理性与人》（*Reasons and Persons*，1984）中，是一个例外。这对我产生了影响。但需要解释的是，虽然帕菲特所说的具体的悖论已经引起了人们的兴趣，但他对悖论的探索并没有得到人们的跟随。帕菲特自己也把注意力转向了其他方向。随后，格雷戈瑞·卡夫卡（Gregory Kavka）在他的工作中也将道德与悖论结合在一起（参见 Kavka 1987），但令人悲伤的是他英年早逝了。在政治背景中已有一些关于悖论的讨论，尤其是在博弈论中（参见，例如 Brams 1976），尽管这些讨论很少聚焦于权威。在标准哲学数据库"哲学家索引"中搜索词组"道德悖论"，追溯长达 65 年直至1940 年，只产生了 8 条结果，其中 3 条是柏拉图所谓的"苏格拉底悖论"，还有两条则是关于核威慑的。

［3］罗伊·索伦森（Roy Sorensen）似乎认为，并不是所有的悖论都符合这个模式，但是基于我们的目的，奎因—塞恩斯伯里的定义将会如此。（Roy Sorensen 2003）

［4］多丽丝·奥林（Doris Olin）正确地指出这里存在两个区别。第一个区别是存在单一路径的论证（她称之为类型 1 悖论），还是存在两个单独路径的论证（她称之为类型 2 悖论）。第二个区别在于结果是真实的或虚假的。（Doris Olin 2003）但我将继续使用常见的奎因术语。一个给定的悖论可以被描述为不同种类悖论的一个案例（例如，作为一个真实的悖论或作为一个二律背反的悖论），但有一种描述将会更充分。

第一章　幸运的不幸悖论

人类在不幸中迅速成长。

——赫西俄德（Hesiod），
《工作与时日》（*Works and Days*）

有些人生活得比他人更轻松，有些人生活得比他人更好。在这两件平
常的事之间并没有必然的联系。然而，有时候人们似乎遭遇了不幸，即经
历了巨大的苦难，直面了不期而遇的困难，但这些却使他们的生活更容易
获得成功和幸福。这就产生了一个问题：如果生活中看似不幸的某一方面
被证实是对整体有益的，那么它就并不是真正的不幸。然而，现实生活中
的某些方面看上去显然是不幸的，不论此后发生了什么。因此，这似乎既
促使我们断言生活的方方面面中有我们所认为的不幸，也促使我们否认它
们是真的不幸。简单地说它们既是不幸又不是不幸，这是不妥的：我们关
心的问题是不幸是否已经发生了，是否令人遗憾地存在了。我们应当从
"整体"或者说"总而言之"的意义上理解这个问题。我们应当明白，困
难不是由模棱两可或优柔寡断造成的。目前存在着两种对立的观点，我们
理应寻求一个答复。事情的悖论性状态不仅在其自身是有趣的，同时也与
我们从道德与非道德方面评价自己或其他人之生活的许多标准息息相关。
我确切地发现，悖论的概念有助于理解我自己生活之方方面面的意义
（这并不奇怪，个人的经历引导了我思考悖论）。

由于这是我们讨论的第一个悖论，我们将用一些时间来解释悖论，首
先设定悖论形成所需要的最初的假设，然后建立二律背反的两个方面。此
时，需要一个像过筛子那样的过程，以去除无关的因素，直到我们发现悖

10

论存在的条件，以及形成悖论的强有力的对立性理由，使它形成悖论。

考虑阿比盖尔（Abigail）和亚伯拉罕（Abraham）的案例。阿比盖尔出生时就带有不幸的缺陷：严重的呼吸困难，以及一种鲜为人知的肌肉疾病，这使她的腿无法正常活动。幸运的是，当地的医生很早就建议她学习游泳，学习如何用一种高强度的方式持续游泳。阿比盖尔生活在一个远离游泳池和大海的贫困村庄。然而，邻近城市的一个慈善机构在听说了她的情况和医生的意见后，对此做出了一些最小限度的安排，使她能够前往一个游泳池。伴随着父母积极的鼓励，阿比盖尔学会了游泳并一直坚持游泳。经过数年后，她的呼吸及腿的活动能力都恢复了正常。在这一过程中，游泳成为阿比盖尔自我认同的核心，她投入了更多的精力去游泳，获得了与日俱增的意义感。随着时间的推移，她成为一名优秀的游泳员，开拓了腿部动作略有不同的仰泳运动（这是更适合她的姿势），并在很多年中都是世界女子仰泳冠军。

13 亚伯拉罕成长在十分贫困的环境中。尽管他富有天赋，但是为了帮助家庭，他不得不年少辍学，未能完成高中教育。亚伯拉罕没有向困难屈服，反而炼就了他异乎寻常的刚强品格。经过多年的磨炼，他成功地开办了一个销售二手工具的小公司。在超乎常人的艰苦工作和对细节近乎完美的关注下，他把他的公司扩展为一个世界性的商业帝国。今天，亚伯拉罕成为他们国家最富有的人之一，安享他的财富。

阿比盖尔和亚伯拉罕的案例让我们关注到一些非争议性的观点。刚开始他们的生活似乎并不顺利：如果我们只考虑他们早年的生活，那么我们肯定会说，在某些方面阿比盖尔和亚伯拉罕是不幸的，其不幸的程度是很多人不会经历的。同时难以否认的是，无论他们日后的生活可能会发生什么，他们最初的苦楚本身就是他们生活劣势的体现。即使我们不考虑这些伴随阿比盖尔和亚伯拉罕终生的记忆，其痛苦、耻辱和绝望的存在也是无法被擦除的。不考虑最后的结果，阿比盖尔和亚伯拉罕的生活中确实存在着诸多的艰辛，甚至是多年的糟糕状况。这也恰恰说明他们最终的成功并不是靠非同寻常的运气：他们总体上是依靠自己，克服重重障碍，与不幸抗争，最后获得了成功。

促成幸运的不幸成为一个重要悖论的最后两个要素是——与严重伤

害或痛苦相关的不幸、不幸与幸运之间非人为炮制的关联。第一个要素是至关重要的。细想一个人因为摔断腿而住院，但最终爱上了医生，从此与她过上了幸福的生活。与其说这是幸运的不幸，不如说是一种伪饰的祝福。在这个案例中，虽然摔断腿不算是好运，但从因摔断腿而获得幸福的角度来看，其不幸的方面却是可以容易消除或忽视的。但是，无论我们最终如何考量阿比盖尔和亚伯拉罕这两个案例，我们都不能像忽视摔断腿之男子的不幸一样忽视他们早年的苦难。可以这样说，后一种情况在不幸的规模和持续时间之程度上都显得苍白，而前者则不然。

　　进一步说，在医院这个案例中，因果性是偶然的：如果不是此人摔断了腿，那么他遇到这个医生的机会可能会非常小，而他本人并没有因为这个事故而改变。更有趣的案例是在其中不幸天生就与幸运联系在一起的这种案例：不幸与幸运并非偶然，而是同样之人的生活中的一部分。在亚伯拉罕和阿比盖尔这两个案例中，幸运较之先前发生的不幸，它们的出现并不是偶然的；但在上述所举医院案例中，即使考虑到先前发生的不幸，其幸运的发生也是偶然的。在阿比盖尔和亚伯拉罕这两个案例中存在一次命运的介入，这种介入看起来既是有利的又是不利的；相比之下，在医院案例中，我们看到两次命运的介入，一次坏的（摔断腿），另一次好的（遇到医生）。阿比盖尔和亚伯拉罕这种在不幸中成长的案例，以深刻的方式显现了悖论。

　　有趣的问题从整体上关注一个成功的生活，而不是一个成功的职业生涯或仅仅生活中的其他一小部分。倘若阐释是无目的性的，那么我将没有资格探讨成功，而只能猜测是体育与商业方面的成功为阿比盖尔和亚伯拉罕提供了一个成功的、幸福的生活。在体育与商业之外还有许多其他关于幸运的不幸悖论的例子：譬如，有些成功取决于困难的艺术性；或者，成功甚至不一定与超越自身的成就有必然联系，比如，成为一个更深思熟虑或更为敏感的人。

　　我相信，愈来愈清晰的是，关于幸运与不幸的通常观念将使我们陷入困境。因为，没有开始的"不幸"，亚伯拉罕就不会收获巨大的成功，这是非常合理的假设。阿比盖尔案例同样如此。不过，假设阿比盖尔和亚伯拉罕最后本来（即如果最初没有遭遇不幸的话）就会生活得幸福，会产

12

生一些问题。这种假设会产生这样一种想法：阿比盖尔和亚伯拉罕的"不幸"实际上就是他们的幸运。

这里有一个问题，那就是你能否判断我总体上是更好的，虽然我并不赞同我在总体上是更好的。但不必用这个问题拘束我们，因为我们设想阿比盖尔和亚伯拉罕会同意这样的说法——他们在总体上好于他们原来没有经历苦难。换句话说，我关于悖论的讨论假定，人的主观看法同意他或她的不幸是有益的。我们可以称之为"主观条件"。另一个问题是，人们可能认同总体上的优越是某个因素的结果，但却仍可以合理地倾向于不干预这个因素，也就是说，倾向于保持不太好的状态。我们并不关心这个问题，因为我们的假设是，阿比盖尔和亚伯拉罕会说他们乐于变得更好。

我们不能轻视这些假设。很多看似幸运的不幸案例并不能被认为是真正的幸运的不幸。比如，有些人会诚实地声称，他们如果能够有一个快乐的童年，那么自愿放弃后来由不幸"造就"的成功。或者他们可能认为苦难和成功是不可相互比较的、不可相互权衡的；或者，他们认为关于他们生活和幸福的任何判定都太过于含混不清。但许多其他人可能会说，虽然遭受了困难，但他们最终从中受益了，他们并不倾向于过没有发生不幸的生活。

那么，争论的言下之意是什么？很简单，阿比盖尔和亚伯拉罕将坚持认为，正因为他们童年的苦难是如此巨大，正因为他们的成功需要他们自己付出巨大的努力去战胜它，所以这种苦难必须被认为是一种不幸。因此，他们反对，甚至可能憎恨说他们的苦难事实上不是不幸。我们关心的最后一个问题是，阿比盖尔和亚伯拉罕是否是不幸的，尽管他们后来的成功（这取决于不幸）是显而易见的。

我们可以想象的情况是，我们的两个人物，现在命名为"阿比盖尔"和"亚伯拉罕"，在没有最初苦难的情况下他们的成功与快乐是一样的。为了取得成功和幸福，诸如此类的苦难肯定是不必要的（这里提到的"成功"包含对困难的克服，但我们并不需要将自己限制在这个意义上）。

16 如果阿比盖尔不是天生残疾，如果亚伯拉罕的父母在他出生时赢得了彩票，如果阿比盖尔和亚伯拉罕都有与生俱来的音乐天分，那么也许在年少没有经历任何困难的情况下他们都会获得成功和幸福。我们可以承认的

是，这将是更可取的。但目前尚不清楚这对悖论造成了多大的影响。对现实的阿比盖尔和亚伯拉罕来说，苦难事实上是他们最终获得成功的一个条件。我们无须对其必要性进行复杂的调查。这足以说明，在其他条件相同的情况下，如果没有苦难，他们就不会获得如此的成功或幸福。[1] 那么，苦难如何才能被看作他们的不幸？

用一点时间考虑一个非常不同的案例。比如，以塞尔达（Zelda）为例。她最初的"幸运"（溺爱她的父母，她出生时富裕的生活及这种富裕给她带来的一切）"宠坏"了她，稀释了她的雄心、工作习惯与坚韧力。她变得很容易泄气，在生活中缺乏坚韧的品性。这并不是说她是完全悲惨的，但她很难做成许多事。因此，她缺少阿比盖尔和亚伯拉罕所拥有的那种深层次的快乐与成就感。不幸的塞尔达。也许她才是不幸的真正受害者，而不是阿比盖尔和亚伯拉罕。

看来，事情已经严重扭曲了。也许当我们没有充分考虑到以下事实时：阿比盖尔和亚伯拉罕在这个世界克服的困难是非凡的，以至于大多数人在类似情况下都是屈从的，困难就产生了。对阿比盖尔来说，这是个人的胜利，一场战胜不幸的胜利，她没有让自己沦为精神上的失败者，就像亚伯拉罕没有沦为平庸者和苦闷者的胜利一样。任何否认这一点的人都无法对阿比盖尔和亚伯拉罕做出公正的评价，或者更糟糕地陷入简单的、极端的自由意志和决定论的立场。或者说这是有争议的。

让我们把自由意志的问题放一边，进一步尝试澄清我们所面临的主要困难。一种方式可能说，阿比盖尔和亚伯拉罕会嘲笑谈论幸运的不幸的任何言论。相反，他们会用下面的方式说："我们不仅拥有一个如此不幸（这种不幸从其本身来看，从与他人的不幸相比较来看，都是不幸）的开始，而且我们设法实现了许多，并且比大多数人实现得更多。我们的胜利是双重的：克服了不幸，收获了成功。我们确实值得因为遭遇不幸而得到同情甚至补偿，正如我们值得因为后来的成功而获得荣誉一样，我们因为在艰苦的条件下战胜了不幸而值得受到特别的欣赏。"

然而，只要阿比盖尔和亚伯拉罕以这种方式提出问题，我们就似乎能够答复他们。在他们的案例中，后来的成功与早期的苦难不是偶然的关系：成功建立在苦难之上。没有早期的"不幸"，他们的人格就不会被塑

17

造成它们是其所是的那样，他们的成就以及由此产生的幸福感就不会实现。因此，不否认早年苦难中的痛苦，我们现在就无法认为这是一种"不幸"。

然而，这肯定是离谱的。痛苦、恐惧、屈辱、日常的生存需求，在那些更不幸中被单独挑选出的理念、无助感的意义是什么？我正在声称，你的童年生活在贫困中，你被剥夺了学习和发展自己才能的机会，必须以多年的奋斗来实现最低限度的生活不是不幸吗？我正在否认，在童年时无法正常呼吸并且多年不能正常行走是不幸吗？一般来说，否认这些是不幸是令人难以置信的，而且是残酷的。

然而，谜题仍然存在。也许我们应该说，这些苦难对大多数人来说是不幸的，但对阿比盖尔和亚伯拉罕来说它们不是不幸。或者，相反，阿比盖尔和亚伯拉罕成功地将这种可能的不幸转换成了非不幸，或者——我犹豫地认为——也许转换成了幸运。阿比盖尔和亚伯拉罕的早年境况为他们提供的自我发展的机会极为贫乏，事实证明，这是促进发展的催化剂。从这一角度来看，即使在看似明显的情况下，某事是否是不幸并不取决于事件本身，甚至类似阿比盖尔案例的诸多明显案例也是一样。它也取决于一个人怎么对待它，它将这个人塑造成什么样。简而言之，它取决于之后发生了什么。阿比盖尔和亚伯拉罕不能因为他们可能获得同情与补偿而声称自己遭受了不幸，如果这种不幸对于他们的人格形成是至关重要的，如果这种不幸给他们带来的是他们引以为豪的成功与快乐。依据这种观点，一个不幸可以通过最终的收益而得到彻底的补偿与弥补。

这是一个看似合理的观点吗？悖论性仍然存在，在我们没有遭受不幸的情况下，依据我所描述的童年境况，我们能够真正理解阿比盖尔和亚伯拉罕吗？当我们能够清楚地指明这些事是不幸时（在某些可怕的事件发生时），评估"不幸"真的完全取决于之后发生了什么吗？是否不幸是由后来的事实确定的吗？即使不幸得到了补偿，还有那么多需要补偿呢？不管以后会发生什么，谁不会认为自己的孩子经历这样的童年本身就是不幸的？此外，不幸不再是不幸，只是因为通过伟大与不寻常的努力克服了它吗？

但是，支持"非不幸"的观点再次回归：尽管阿比盖尔和亚伯拉罕面对了一个明显的不幸，这对他们来说仍然很难被视为不幸，因为类似的情况对他人来说也是正常的。是的，他们极度不快乐——但他们因此而变得比本来更快乐。是的，他们几乎被自然或社会的残酷力量压碎——但他们因此而成为成功的代理人，成为对自我命运具有异常能力的主宰者。看到阿比盖尔和亚伯拉罕已经受益，我们就不必再跟随陀思妥耶夫斯基或尼采去谈论困苦的恩赐特征。他们的生活因苦难变得更美好。

争论与洞见来回摆动。似乎有过不幸的和没有过不幸的人都想坚持自己的观点。

所以，或许我们需要承认并保留这个悖论，这比任何解决方案都更为深刻而且有力。这是一个站得住脚的立场。大多数时候，我自己的观点是否认阿比盖尔和亚伯拉罕遭受了不幸。虽然他们显然遭受了苦难，但这对他们来说并不是真正的不幸。然而，那些与阿比盖尔和亚伯拉罕一样的人并非不幸（或者，甚至他们是幸运的）的观点仍然是悖论性的，即使它是真的。一旦我们进入悖论的领域，即使是一个解决方案（在矛盾中的正确选择）也并不能消除所有的悖论性。这可能是一个真正的悖论的标志。

这里还有一种更深层次的悖论性交织：通过付出巨大的努力与牺牲而获得成功，某人失去了本该属于那些不做任何努力且最终失败之人的同情和补偿；有人通过克服困难的方式"放弃"了某种收益。以下似乎是自相矛盾的说法：如果你克服了不幸，那么它实际上就不是不幸，但这可能是正确的观点。

我们很多人都经历过苦难，与阿比盖尔和亚拉伯罕相比我们从苦难中受益的可能更有限。那些看上去似乎是坏的运气往往产生了受人欢迎的效果，让我们更强大，能够更好地欣赏生活，更成熟聪明，或者更仁慈。如果我说的令人信服，那么我们通常不应该把这些苦难视为不幸。这并不是说一个人总是应该积极地寻求可能给他带来最终受益的苦难。但是，如果这样的苦难发生了，那么，虽然在一定情况下我们可能感到遗憾，但总体上的结合（困难+成功）是成功的必要条件，我们在期待效果的同时不应轻易地怨恨苦难。

一个令人不安的想法仍然存在。诚然，在最终的意义上，阿比盖尔和亚伯拉罕的大部分生活经历都不是糟糕的。但是，正是他们直面了这些压倒性的困难才使得困难"不是那么糟糕"。他们并没有选择经历一定程度的困难，以换取之后成功的前景：他们被抛入苦难之中，要么尽力斗争，要么被淹死。他们的这些经历难道不值得我们同情吗？这里有正确的部分，但其正确性并没有实质性地改变我们之前的结论。作为孩子的他们遭受了痛苦、羞耻与恐惧，从这一点来说他们是值得同情的。阿比盖尔和亚伯拉罕并没有拥有一个更容易但同样是成功的生活，这也是一种遗憾、一种不幸。虽然他们因为克服巨大的困难与潜在的不幸而获得了我们的同情和赞赏，但这并不能清楚地说明，对于早年的苦难，阿比盖尔和亚伯拉罕应该被同情（因为那些遭遇不幸的人也通常为人们所同情）。如果没有早年的苦难，阿比盖尔和亚伯拉罕将可能变得更糟。最终，这种苦难并没有成为他们的不幸。

我们可用犹太裔意大利作家普里莫·利维（Primo Levi）的话语来撇清这一观点。他经历了奥斯威辛集中营的恐怖，并以自身经历为原型写作了《如果这是一个人》（*If This is a Man*），在书的"后记"中他写道：

> 相反，我作为被驱逐者的简短而悲惨的经历，覆盖了我作为作者与目击者的长期而复杂的经验，总和显然是积极的：总体上，过去使我更富有而且更可靠。（Levi 1987: 397–378）

幸运的不幸发生在集体层面，犹如发生在特定的个体身上一样。荷兰人只是其中的一个例子，其众所周知的民族性格和聪明智慧据说在较大程度上受益于海上入侵。关于集体层面的幸运的不幸的讨论引发了新的问题，譬如集体的代理与责任。如果将某个案例置于幸运的不幸这个标题下，那么仔细审视谁遭受了不幸、谁最终受益就显然是必要的。一个人的不幸成就了他人的幸运，这个哲理并不令人费解。

人们太熟悉这样的经历了：在反抗系统性歧视中成长起来的团体成员更具有韧性，更会自我激励。幸运的不幸这个概念可能是我们尝试弄清这些经历的关键所在。但是，从不幸中产生幸运的伦理相关性是什么？在某种意义上说，幸运的产生并不是必然的。当然，种族主义者有意轻视和伤害他们，给他们制造了难以忍受的坏情绪和不公平的障碍，这才是最重要的。这足以说明种族主义受害者应当获得道歉及可能的补偿。在这里幸运的不幸这个古怪的问题至少在两个方面是相关的。首先，它为种族主义者提供了一些"道德运气"，这使得种族主义者在今天并没有制造出他们所希望的那种伤害。［斯塔特曼（Statman）在这个问题上做出了核心性贡献。（参见 Statman 1993）关于幸运的不幸与道德运气之间的比较是富有成效的，但我不会把它放在这里讨论。］其次，幸运的不幸显然复杂化了我们对受害者构成的看法。

集体层面的幸运的不幸，"不幸的幸运"观念（譬如塞尔达案例中的），或者关于幸运的不幸悖论案例中命运、运气、机会和努力之作用的详细调查，每个都将需要单独讨论。类似的要求是对诸多幸运的不幸悖论中的推论进行深入调查，例如社会均等问题的解决方式（阿比盖尔和亚伯拉罕应该补偿塞尔达吗？谁才是更糟糕的那个？）。或者，不同的是，如果一个人对另一个人的伤害实际上被证明是他人的幸运的不幸，那么诸如悔恨或宽恕的态度就可能转变。但我不会在这里讨论这些问题。

我们都知道对事件意义的评价，特别是要评估事件对整个生命的意义是非常困难的，无论在这个事件发生时评价还是在其发生之后评价。在幸运的不幸这个主题下，较为明显的例子多是极端的情况，因为幸运的不幸事件的发生本身是一个明确而糟糕的不幸，但它却有一个幸运的结果。面对这一主题我们要做什么？针对以矛盾为基础的悖论，我曾经提出过一种可能违反直觉的"解决方案"：在幸运的不幸的真实例子中，看似明显的 *22* 不幸是否是真的不幸变得使人怀疑。但是，即使人们发现这个解决方案具有令人满意的哲学意义，其中仍然存在荒诞的部分。即使我们通过否认像阿比盖尔和亚伯拉罕这样的人的不幸而解决了他们是否曾是不幸的这个悖论性矛盾，我们的结论仍然是悖论性的。

注释

［1］或许有人会争辩说，一个人不能抱怨使他成为什么样的人的条件，如果没有这些条件他将不能成为这样的人。你可能曾经遭受了看似不幸的苦难，但正是这个不幸造就了现在的你。没有不幸，你不会四处抱怨。这种说法没有区分幸运的不幸与其他种类的不幸，没有特别为我们提出一个问题。（参见 Parfit 1984）这个主张存在多种困难，但我无法在这

里解决这个复杂的问题。显然，幸运的不幸悖论不属于这个话题：在没有彻底改变一个人的身份的前提下，不幸是幸运的，如果身份改变了我们会说那个人不存在了。我们应当在"同一"（或"非同一"）的问题中思考幸运的不幸悖论。我在这里假设了一个大体上统一和稳定的自我概念。在我们讨论的语境中，我也忽视了在过去、现在或未来中因个人偏好判断的改变而引起的复杂情况。诚然，如果不幸发生在生命的结束而不是开始，那么我们的观点就可能改变。（例如，参见 Velleman 2000）但是，在任何情况下幸运的不幸都不必成为过去：例如，患有终身残疾（比如耳聋），它导致了一个人在整体上变得更好。

第二章　有益退休悖论

一位绅士谈到了退休。约翰逊说：“永远不要那样想。”绅士争辩道：“我没有生病的话应该会那样做。”

约翰逊说：“事实上一点好处也没有。先生，那将是一场民事自杀。”

——塞缪尔·约翰逊（Samuel Johnson），
引自波斯威尔（Boswell）的《约翰逊传》（*Life of Johnson*）

从道德的角度看，人们应该什么时候从工作岗位上退休（或以其他方式离开）？答案可能是“现在”。满足了一定条件（“基本条件”），这种激进的结论就可能适用于许多职业和事务中的大多数人。该悖论已经在单独的个体层面出现，但它似乎如此普遍存在的事实增加了它的重要性。

X 是一位知名医院的医生，Y 是警探，Z 是一位大学教授。他们在各自的岗位上并非特别不称职，但也并非特别好。让我们假设，他们处于80%的位次（即他们优于同行中20%的人，但逊色于80%的人）。让我们进一步假设，因为他们自身的懒惰或者其他一些他们可控的因素，他们并没有达到现在的位次：即使他们努力工作，他们的位次也不会前进很多。这些年来，对那些与他们一起工作或为他们工作的人来说，他们显然不是非常有才华的，或者不是有能力成为医生、警探或学者的。尽管那些才华和能力不高的人的工作水平仍然高于行业的基本标准，否则他们就会被其岗位所淘汰。最后，假设满足以下基本条件：

1. 他们的岗位不缺乏潜在的候补人员。
2. 那些岗位所招募的新员工通常不比那些工作过一段时间的老员工表现逊色（或者说，新聘人员在经过不太长时间的调整后被认为是并不糟糕的）。

3. 在没有遭遇特殊困难的情况下，X、Y 和 Z 可以退休或另谋他职（相对于岗位的执业标准来说）。

4. 没有特殊情况（比如，如果 X、Y 和 Z 离开了他们现在的岗位，并不会产生更多的不良影响；或者说，因为 X、Y 和 Z 留在现在的岗位而不能进入相关职业的人能够在一个不同的职业做出精彩的业绩）。而且，解雇的副作用将明显地消失，或者相对而言不那么严重，那么他们可以被解雇。因此，除了职业服务中的潜在利益，我们将考虑所有因素。[1]

X、Y 和 Z 的工作已经造成了严重的负面效果：医生误诊了大量本来可以治愈的患者；警探未能捕获许多持续恶劣作案的罪犯；学者对学术研究的进步贡献很少，对学生的培训和监督工作也很薄弱。我们正在考虑把工作做得好一些的情况（应该被更好的员工取代的那些有害于工作的笨拙员工，也许不应该退休）。我们同样对那些单靠经济压力而无法达到最佳效益的情况感兴趣。感兴趣的事情是经济压力本身不会导致最佳经济效益。设定基础条件，假设 X、Y 和 Z 离职，那么很可能比他们优异的人将取代他们。事实上，据统计，有能力的人完全取代表现欠佳者的机会大约是 4∶1。因此，这些表现欠佳的人员退休，他们原先所服务的人会更健康，犯罪率会减少，学术研究与专业培训将得到改善（见图 2-1）。

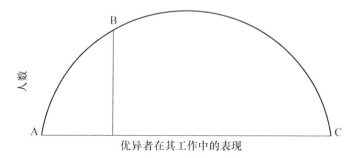

图 2-1　替换表现欠佳者的整体业绩示意图［以整个组（在 A 和 C 之间）中的一些人替换专业最差组（在 A 和 B 之间）的任何人，这种替换将会得到更好的取得优异业绩的机会］

更重要的是我们要明白，这一论点并不是基于那些表现欠佳者的直接危害：他们是有生产能力的，例如，如果医生 X，在某一天来工作，其行为本身就是对事件的改善。关于有直接危害的职业人员离职的道德义务，并不存在悖论。这种悖论只有在满足基本条件的情况下才会出现，即职业人员是具有生产能力的，但他或她的替代者非常有可能做得更好。

看来似乎是我忘记了退休的财务成本。严格的经济观点将取决于许多复杂的细节，但通常它指向一个相反的方向：新人可以以较低的工资聘用，因此实际上是为企业节省了资金。然而，我的论点并不基于财务考虑。更广泛地说，虽然这一论点可以作为修改社会政策（"首先让我们辞退位列后部 10% 的员工，并以新职员替代他们……"）的提案，但这里我重点关注的是个体审视其职业角色的看法。我们正在探索的问题并不是从组织的观点（这是在问，人们是否应在工作中长期占有职位）出发，而是着眼于既定的个体持续占有特定的岗位对他人的影响。可以设计一个测试，它将帮助人们决定是否离开他们的职位。我称之为存在性测试（Existential Text）：如果我不在那里，事情将会怎样？ *26*

如果人们对自己履行这个测试，其中至少有一半人将得到明确的结论，即自己应该退休。在某些行业中并不存在人才的短缺，相反，许多人正在等待就业的机会（一般说来，那些人将会与当前在岗者做得一样好，或者做得更出色）；目前有一半的在职员工低于行业能力的平均水平，他们中的任何人离职都不会造成巨大的困难（他们的困难与那些他们不退休就无法找到好工作的新人的困难是可比较的）；同样，其他的后果和条件都不是非常重要。一半的人应为新人的入职考虑而放弃自己现有的岗位。

这里假定，当前从业人员的认知是有透明度的，那么相关人员就应该认识到他们当中谁是应该离职的。如果呼吁人们考虑这个问题，相关人员似乎不可能意识到他们自己表现不佳，事实上，他们的同伴将大多数同事列为比他们更具有能力和工作效力。即使表现不佳者对事实毫不知情，但这些事实对他人来说却是显而易见的，他人应告知他们。即使没有认知透明度的假设，情境也不会变得具有更少悖论性。因此，许多位列前 50% 的人也应当担心自己所处的位次。我认为，最好是假定认知透明度的存在，并坚持承认认知因素的存在。

我要强调的是，在我的假设中有很多方面是保守的。首先，可以断言，由于多种因素，具有潜能的新入职者平均来说可能会更好，比如说，他们将更为专业，但我没有考虑这些因素。其次，我构建的论证似乎是假设性的，也就是说，我们不能确切地知道究竟有多少人在等待入职，并从长远来看会发展得更好，因此只有后 50% 的人需要担心，因为从统计学角度看，前 50% 的人被比自己差的人替换的可能性小，他们只会被更优秀的人所替代。如果我们确实有一些相关的概率知识，而且精英招聘能够到位，那么一个当前表现欠佳的任职者就会更可能意识到某个更为优秀的人将会取代他或她。这意味着"提前退休"论点甚至可以适用于职位中前 50% 的某些人！如果一个人的位次大幅度下跌，在其离职的前提下，改进工作的保障会显著提升。再次，这个论点被设定为在独立于他人类似行动的情况下发挥作用。然而，如果人们有理由相信，自己的替代者很可能会选择更好的替代者而离开岗位，如果事实证明（如比说）十年后他或她的效能低于平均水平，那么这将加大逼其退休的压力。最后，对候选者等待入职之主张的更多的正当性，我没有给出单独的权衡。所阐述的论点只集中于专业人士提供的职业服务的利害比较。

毫无疑问，也会有相反的因素在起作用，这些因素限制了适合"提前退休"之人的数量。在某些行业及某些情况下，这些因素可能具有相当大的影响力。我的"50% 的论证"只不过是强调这类问题的一种方式，是一种必要的示意。重要的是悖论的存在，而且它可能与许多人相关。

我们可以从以下两个陈述的对比中理解悖论：

1. 关于一个在自己努力之下获得了专业训练，被卓有成效地雇佣于对社会有用的任务之中并正在努力工作的人是否应当继续工作，不会产生任何道德问题。

2. 大部分积极的、富有成效的、努力工作的人都应该离开自己的工作岗位。

以另一种方式看这个困境：X、Y 或 Z 可能会说他或她想要工作，因为他或她喜欢自己的工作，他或她需要挣钱，他或她想感受到他人对自己的依赖，他或她喜欢吩咐人们应该做什么，等等。然而，从给定的基本条件和认知透明度的角度看，很多人（也可能是大多数人）不能明智地而且一贯地给出以下断定：

1. 我是一名医生/警探/学者，因为我希望人们更健康/街道有安全的秩序/增加知识；并且
2. 我将在我现在的岗位上继续工作。

人们或许会认为我们正在朝着年龄歧视的方向前进，歧视年长者而青睐年轻人。这与其说是对悖论的反对，不如说是可能造成更多麻烦的事情。但是，我的论点的逻辑更可能是一个平庸的中年医生或学者应该离职，从而使得那些虽然临近退休但却卓有成就且富有经验的人可以继续工作。这一论点是基于相关人员的相对贡献，并不一定取决于年龄因素。如果许多年轻人离开他们现在的工作岗位，这可能会造成经济困难，但请注意，我的观点不是说像 X、Y 和 Z 一类的人不应该继续工作，而只是在当前的岗位上他们不应该如此表现，或者说，其中有类似适用的条件。

或许人们会说这一论证是令人沮丧的，是具有潜在危害性的，而且不应当被宣扬或推行。大量实证社会心理学的证据表明，几乎所有的人都更为高度地评价自己的职业价值（正如他们也评估他人看待他们和他们的驾驭能力的方式，以及几乎所有其他类似的自我评价问题）。（参见 Goleman 1985、Taylor 1989）关于这一点，乃至关于对有益退休悖论的持续无知，或许让其顺其自然会更好。托马斯·内格尔（Thomas Nagel）已提出了强有力的理由来反驳对该悖论进行解释和暴露（Nagel 1998），并且我已在另一篇文章（Smilansky 2000）中思考了"积极幻想"的理由。但是，这些问题并不是我们现在所关心的。在目前的情况下，对于好处与缺点都需要有清醒的认识，但我们并不试图评估其中的平衡问题。这里我们有一个悖论性的哲学主张，即使有时候对此保持沉默会更好，但并不会影响这一主张的真伪。

最后，人们或许会认为我的主张过于强调道德性的要求。为什么我们所提及的医生、警探和学者应该放弃他们固守的职位，而那些甚至比他们

工作更为糟糕的 20% 的同事却仍旧在其岗位工作？而且，这样的人多年没有受过训练了，他们把精力和希望都投入目前的岗位了吗？以至不能指望他们放弃这一切？毕竟，在其他情况下，我们通常不会要求做出这样的牺牲。还要注意的是，"提前退休"观点使每个人都可能成为他人决断的人质，以及其他类似事件的人质。一个有趣的例子发生在 20 世纪 90 年代的以色列。许多犹太人被允许大批次地离开苏联，在几年内有超过百万的人移民到以色列，以色列因此而增加了近 20% 的人口。在这些新移民中，有大量的医生、工程师，以及其他类似的专业人员。在当地长期居住的市民是不是应该被机械地要求考虑放弃自己的职位，而将职位让给那些潜在的候补人员？

问题是，在考虑所有情况下，类似于我们这里所讨论的医生、警探或学者这样的人是否应当离职，这是复杂的，在这里我们还不能解决这个问题。我们需要一个权衡的判断，用以比较道德因素与人的利益和欲望。我们还需从各种规范性的理论视角考虑"退休问题"。如果 X、Y 和 Z 是功利主义者（以寻求整体幸福的最大化为立场，但认为应该就每一个行为本身来评价），那么事情是简单的，他们显然必须离开他们的工作岗位，因为这样做将有利于提高整体的效用。一个专注于美德的强有力的伦理指向也可能要求这样行动：职业美德似乎要求个体批判性地评价自己的职业成就，要求不管怎样都要首先考虑某人留任决定的受害者（譬如，死亡的病人或犯罪受害者）。道德命令和规约（义务论）的某些解释，或者把道德看作人与人之间的一种契约思维的某些解释，也会对激进的结论表示同情，即使这个结论是公认的要求。

重要的是要注意，我的观点并不是另一种典型的功利主义观点，即要求对世界做出诸多贡献，比如说，捐助巨额的资产或从事志愿者工作。有益退休悖论是以非功利主义为主题的，比如，关注人的整全以及把握人的生活事项的理智能力（譬如，做一个关心人的健康、安全或教育的人）。这一悖论也远远超出了做善事的理念，因为它表明，对许多善良和勤劳的人来说，他们继续在其岗位上工作是有害的。这是一种截然不同的主张。在这种语境中"整全"概念发挥作用的方式是十分有趣的。这一概念是伯纳德·威廉姆斯（Bernard Williams）批判功利主义思维方式的主要内容（Williams 1973b），削弱了要求人们为共同的利益而牺牲的力量。威廉姆斯用人的自我生活的重要性和人格整全的神圣性限制了人的义务。相比之下，在我的论证中，类似的想法导致了对不想提前退休者的苛刻要求。

正如一位备受尊敬的外科医生所说：

> 对需要为其所做事情负责的任何人来说，最困难的问题就是如果我表现平平结果会如何。如果我们考虑所有与我处于相同经验层次的外科医生，比较我们的成果，发现我是其中最糟糕的，那么答案将显而易见：我应该上交我的手术刀。但是，如果我是一个 C 呢？像我这样在一个挤满了外科医生的城市工作，我如何为将病人置于手术刀之下找到理由呢？（Gawande 2004）

31

我在这里的目的不是解决道德问题，而是将有益退休悖论作为一个谜题提出来，这是需要加以思考的，至少在哲学层面是需要考虑的。当这些观念被应用到人的现实生活中时，可以采取多种形式，而不应局限于"退休"或"留任"的选择上。如果一个人在职业层面处于平均水平，那么他或她将有理由更努力地工作，以超越这个临界值，以消除他或她继续工作可能导致事情更糟的可能性。比如，如果某个人不可避免地处于我所论证的范围内，那么继续在其行业工作但要自主地转向不受欢迎的位置，就可能会产生类似的补救效果。决定"很快"退休，或者"当我的经济状况有所改善时"退休，也常常是对问题的部分但合理的回应。

更多的纠缠来自有益退休悖论，这似乎提供了选择职业的首要动机：这种动机避免我们正在讨论的那种个人和道德风险。例如，如果一个人选择从事一项与他从事的工作无关的工作，那么他就不必担心，他没有让位于一个比他更好的潜在替代者是否会造成伤害。

正如我所考虑的，不管这些人关于放弃他们的职业做出何种决定，结果都可能会有一些悲哀。如果我是正确的，那么很多人有充分的道德的和个人的理由退休，即使对他们这样做的期望被认为是过高的道德需求。坦率地说，对很多人来说，他们目前最好的职业选择就是离开现在的职业。

注释

[1] 由于詹姆斯·莱曼（2007）对我原先文章（2003）的批评，我 *32*
已经加强了条件的规范性。莱曼声称我的论点是脆弱的，原因是这些因素
的作用超出了将要退休人员和未来替代人员的直接贡献的比较，比如，退
休人员在他们退休后的贡献较小。但是，与利益（如拯救生命）相比时，
我不认为这些因素有大的差异。莱曼还认为，当前那些候选人员不会获得
任职，除非我所讨论的退休人员不可能与当前任职人员表现相同，或者他
们是在职人员中工作最糟糕的。他声称，事实上他们形同"失败"，这些
没有找到工作的人就像目前从业的人员一样。我的回答显示了各种因素
（向妇女和少数民族开放职业性工作，或者许多人在其职业生涯中由于不
可预测的原因不再具有生产能力的事实）是如何削弱莱曼的论点的。
（Smilansky 2007）如果岗位中的落后人员退休或离职，那么这将有助于最
好的候选人更早地获得更好的职位，并给更多的人提供证明自己价值的机
会。该职业与从中获利的人将受益匪浅。

第三章　两个关于正义与加重惩罚的悖论

完美的最终获得不是在没有什么可以添加时，而是在不再有什么可以减去时。

——安东尼·德·圣埃克苏佩里（Antoine de Saint Exupéry），
《风、沙和星星》（*Wind, Sand and Stars*）

关于合理惩罚的正确理论存在着广泛分歧。然而，如果对任何令人满意的合理惩罚理论的基本内容有广泛而深刻的直觉是可能的，那么连同一些似是而非的经验假设，似乎产生了关于正义和加重惩罚这两个密切相关的悖论。既然我们分享了直觉并接受这些经验假设，那么我们就应当被这些悖论所困惑和困扰。这对悖论源自我对那些在充满挑战的环境中成长的人的思考。

让我们对惩罚仅仅做常识性假设。首先，我们假设，惩罚制度的中心目的是威慑。其次，我们假设，对于同一种罪行有些人受到的惩罚相对于其他人应该较轻，正义的惩罚应该对人们受到的不同赏罚具有的敏感性。我认为，对于积极的赏罚并不需要过多的假设，在这个意义上，如果作恶者遭受了痛苦，那么惩罚本身是好的，但从减轻惩罚的角度考虑，需要对部分违法者减轻惩罚。既然我们假设威慑（惩罚所期望得到的结果）和应受的报应（独立于惩罚而阻止进一步犯罪的能力），在任何适当的惩罚系统中都能发挥作用，那么很显然"一元论"者将对此持反对意见：一个不妥协的功利主义者只关心惩罚的后果，而一个不妥协的惩罚主义者只关心对罪犯的惩戒，而不管后果如何。然而，人们并没有理由去接受这些极端的主张，至少在西方大多数人没有这样做。

现在让我们看一看与该讨论相关的两个经验假设。首先，惩罚具有制止作用，并且是阻止人们犯罪的合理有效的方式。刑事司法制度的一个主要目的是阻止人们的初次犯罪，如果这个功能失效了，就限制其再次犯罪（累犯）。其次，对大多数类型的犯罪而言，人们由于所处的社会经济地位不同，对惩罚威慑的反应方式也不相同，因而其作用的发挥一般也会有所不同。第二个假设包含着这样的观念：大致来说，经济背景不好、社会地位低的人（"弱势群体"），将比其他人（"特权阶层"）更容易受到犯罪的诱惑，而且对给定标准的惩罚并不那么担心。有些因素，譬如遭受了更多的贫困，或者认识越界而坠入犯罪生活的人，可能使弱势群体在心理上更容易转向犯罪。因此，在其他条件相同的情况下，在加重惩罚层面，相对于阻止"特权阶层"犯罪，要遏制弱势群体犯罪，我们需要认识到有更为糟糕的预期。

"加重惩罚"概念可以被解释为强加的量（例如，刑期），或者是产生负效应的量（例如，给服刑的人更多的痛苦）。为了不增加讨论的非必要性，我讲明，在特权群体和弱势群体之间，在由任何给定级别的惩罚所产生的负效应的量方面不存在显著差异。因此，我们可以直接根据监禁的年限比较加重惩罚的程度。

我将首先介绍第一个悖论的概要，修改并做解释，然后继续提出第二个悖论。

第一个悖论

在其他条件相同的情况下，对于特定的罪行，弱势群体通常比特权阶层应受到更轻的惩罚（这一说法的依据将在下文进行探讨）。然而，在其他条件相同的条件下，为了阻止犯罪，弱势群体通常被期望给予更严厉的惩罚。那么，这一悖论的第一个构造是：总的来说，正义将要求我们对那些只能通过更严厉的惩罚才能阻止他们犯罪的人施以较轻的惩罚。同时，广义地说，对弱势群体施以更严厉的惩罚（他们有面对强硬威慑的经验），是使他们少受惩罚的重要因素。

这一悖论有两种理解方式。我们可以把这个悖论理解为自发的，因为狭义的正义（它因为要少用惩罚而要求减轻惩罚）与惩罚制度的中心外部理论

（即威慑）相矛盾。另外，我们可以把悖论看作正义概念的内在矛盾（这是一种广义上的理解）：除了关注惩罚，广义上的正义也要求有效的威慑。在本文中，我将继续从狭义上解释正义，大致相当于因为要少用惩罚而减轻惩罚。

第一个悖论产生了一个推论：一个公正的社会将提供一个更诱人的前景，为那些由于需要不太诱人的前景而犯下更多罪行的人，以阻止他们再次犯下这些罪行。

从某种程度上说，这个悖论的更强构造是可能的。我们可以说，就惩 *36* 罚的严重性而言：一个人（在犯罪时）应受惩罚的等级，与为阻止其犯罪而需要施以的惩罚威慑是相反的。然而，我们的主题并不遵循类似的"牛顿定律"：个体层面的"威慑需要"和应受惩罚与这种一般模式是不同的；进一步说，就威慑而言，惩罚仅仅是对个体的制裁。我们的讨论本质上是概要性的。我们必须更为广泛地探讨"特权阶层"与"弱势群体"，尽管在威慑水平上需要等级的层次性，而且从惩罚的角度说这肯定是可能的。然而，作为一种广义的概括（而不是适用于所有情况的科学法则），即使这种更强构造也看似是正确的（见图 3－1）。

严惩

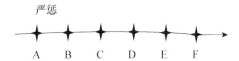

A　B　C　D　E　F

F　E　D　C　B　A

图 3－1　加重惩罚与减轻惩罚的等级比较

第一个悖论：A，B，C 等表示不同的人；人们在两条平行线位置上的差距（需要加重惩罚或减轻惩罚）是惊人的

顺便说一句，对于某些特定类型的犯罪（譬如性犯罪），类似的论证也可以根据个体性格倾向的不同来构造，而不是根据社会经济背景的差异来构造。但是，在这里我将不按此方向进行探讨。

因此，对正义和惩罚的常识态度导致了这关于加重惩罚的第一个悖论。但是，我们又该如何理解以下这种正义要求：对于来自弱势社会经济背景的人的犯罪行为，一般应给予较轻的惩罚？有两种通用的方法似乎能

37　够帮助我们合乎直觉地理解这个复杂的问题。其一，关注弱势群体"从社会获得"了什么。如果弱势群体中的一些人在自己的童年时期充满了心理虐待与经济贫穷，那么他们可能被说成（在某种意义上）已经为他们所犯下的任何罪行"支付"了代价。他们被量刑的时候背负着很多痛苦，因此他们不应该被加重惩罚，而那些有相当满意的童年和在合理的物质条件下生活的人应该受到加重惩罚。（参见，例如 Klein 1990：82-84）其二（更常用），把重点放在犯罪者的弱势背景上，并指出让其放弃犯罪的困难有多大。如果他一直面对着强烈的犯罪诱惑，而"特权阶层"仅以温和的方式面对（如果存在这种诱惑的话），这种诱惑是他过去生活的影响、他当下生活中的榜样以及他的贫困与周围的富有之间的巨大差异造成的结果，那么不考虑这种因素似乎就是不公平的。

　　法律平等量刑的倾向似乎危及我这里所提的案例，即基于少用惩罚而减轻惩罚的案例（以及在减刑和所需威慑之间的差异）。法律制度倾向于对特定的罪行进行平等的判决，以使得"犯罪代价"的预见性众所周知，并避免滥用。然而，法律范围内的其他倾向是有利于我的观点的：在平等判决之外，法律体系还倾向于给其他考虑留有余地。我们显然希望它们能这样做。我们正在考虑的悖论，在实践中将取决于法律制度这样做的程度。此外，需要注意的是，鉴于弱势群体应受到较少的（而不是相同的）惩罚，那么即使平等判刑也将无法消除所有的悖论。

　　从公正惩罚理念所包含的多元价值观出发会产生更为严重的反对意见，并将引发争论。正如性能优良的汽车是各种需求（重量、安全、速度等）之间的合理妥协，人们可能会争辩，在平衡威慑与应受惩罚的需

38　要之间并不存在什么悖论性。毕竟，我们已经知道，在"惩罚"无辜者的问题上，有效惩罚可能会与应受惩罚形成对比（人们往往认为这个问题只出现在人为的情形中，但正如我在 Smilansky 1990 中所说明的，情况并非如此）。因此，在减轻惩罚的考虑与威慑力之间目前似乎并不存在什么特别紧张的关系。然而，在惩罚弱势群体的语境中，我们发现自己对此情况存在错误解读。完美的状态可能是可望而不可即的，人们普遍认为，威慑和应受惩罚能够和谐共生至少还有很长的路要走。但是，第一个悖论表明，通常并非如此。这里需要一个更为晦涩的类比。想象这样一个世界，

当一个人爱上某个人，而那个人却不爱他，反之亦然。或者，动态地说，一个人越是爱另一个人，而另一个被爱的人越是可能不爱他。显然，彼此相爱的理想就不会得到满足。这种情况将是荒诞的、具有悲剧性的。

第二个悖论

第二个悖论与产生第一个悖论的假设相同，它所增加的是：至此，惩罚是一件坏事，因为它涉及对他人的伤害，因此，我们应尽量减少惩罚。很多人心里都有这种模糊的通常假设，尽管这种假设可能没有像我们最初认为的那样受到广泛的认同。有些人坚持认为惩罚的正当性主要在于其产生的良好效果（首先是威慑），并且因为应受惩罚的存在而对惩罚产生了怀疑。对这些人而言，这种假设特别具有吸引力。

我们已经看到，我们通常的正义观要求我们在加重惩罚某一特定犯罪行为方面应该创建均衡性，即对弱势群体应处以较轻的惩罚。然而，鉴于对威慑作用的要求，对那些被判定有罪的弱势者同样也需要处以一定程度的惩罚（比如说，P）。因此，相对于单一考虑威慑需要的惩罚而言，均衡性要求意味着那些具有优越背景的人将受到更严厉的惩罚（P+X），而不是受到较轻的惩罚（P-Y）。但是，对那些背景更丰裕的人来说，他们犯下的罪行将会受到更多的惩罚。弱者受到的惩罚要轻于有特权的人，但是对两者的惩罚不应有太大的差异，因为更需要对弱势者施以威慑（我们假设他们将受到最低限度的惩罚）。这将导致我们对那些具有丰裕背景的人施加"不必要的"（"不必要"的程度是 X+Y）严惩。（见图 3－2）但是，这与以下这个"附加假设"相矛盾：惩罚要被尽可能地限制，也就是说，如果没有它，我们能够将犯罪限止在合理的程度。

39

P+x：特权阶层所受的实际惩罚水准（建立与弱势群体之间的比较性差距）

P：弱势群体所受的实际惩罚水准（因为需要对他们进行威慑）

P-y：特权阶层可能受到的惩罚水准（对他们进行足够的威慑）

图 3－2　对特权阶层与弱势群体的三种惩罚水准

我们最初的想法是弱势群体应受到更轻的惩罚，这是因为在他们案例中存在相关的减轻因素，同时，也需要对弱势群体保持一定程度的威慑（即维持 P 的惩罚水准），这就产生了对特权阶层"过度惩罚"的悖论后果。包括弱势群体在内，没有人获得好处，而特权阶层却受到严厉的惩罚。

40　　这类似于这样一个故事，一个客户进入了窗户上贴有"老客户降价50%"标签的商店，但发现他被收取的费用与过去的价格完全一样，针对他的抗议，店主说"不错"，"但是我收取新客户的是这个价格的两倍"。

似乎不会对特权阶层进行额外的惩罚，因为如果通过较轻的惩罚（P-Y）能够实现对特权阶层行为的阻止，那么更严厉的惩罚（P+X）就肯定足够阻止他们。然而，这种方式的论证忘记了惩罚水准往往具有一般性，几乎难以涵盖所有个案。如果通常的考虑适用的话，也就是说，如果对一个已定罪的具有特权背景的罪犯的判决能够阻止大多数具有特权背景的人犯罪（或者，就此而言，甚至能够阻止弱势群体犯罪），那么，对他的定罪量刑就应当比他所应该受到的惩罚更严厉。也许有些具有特权背景的人确实需要通过加重惩罚才能阻止他们犯罪，但是，从威慑的角度看，对大多数具有特权背景的人来说，适当的惩罚水准（即 P-Y）要低得多。那些犯了罪并被定了罪的具有特权背景的人将受到"非必要的"加重惩罚，仅仅是因为惩罚的均衡性要求对具有特权背景之人的惩罚应该高于对具有弱势背景之人的惩罚。

需要注意的是，悖论是从"理念论"中产生的，是从我们做我们应该做的事情中产生的，而不是从错误中或从违背道德需求中产生的。当然，考虑到经验性的常识、规范性的假设和那些犯了罪的人，那么，正在我们设法做我们应当做的事情（比如，减轻对那些应当获得减轻惩罚之人的惩罚）的时候，我们陷入了悖论。

由于不同的因素进入惩罚之中，考虑到我们的假设，出现了复杂性和41　必要的妥协并不奇怪。然而，令人惊讶的是，威慑和应受惩罚是如此强有力地并贯穿始终地向相反的方向发展。因此，粗略地说，越是需要惩罚的人，就越不应该受到惩罚（在第一个悖论中）。这是荒谬的，而且无论我们思考多久，它仍是荒谬的。也就是说，我们不放弃这个前提，我们的论证似乎也没有错误。我们不得不容忍这种荒谬。鉴于这种荒谬的存在及其所具有的重要性，产生了"存在性悖论"。反过来，这种情况产生了荒唐的、无人能够从中得到好处的"过度惩罚"（在第二个悖论中）。

最后，这一切意味着建立一个有效和公正的惩罚制度有何种可能性？我们不能得出确定的结论，因为结论的达成需要解决更多的问题，首先要解决正当性问题，以及减轻惩罚之外的应受惩罚的本质问题。但是，我们这样做的后果是鼓励人们怀疑。一旦我们通过第一个悖论（粗略地说，是这样一个事实：一个弱势者越是需要受到惩罚，他就越不该受到这样的惩罚）认识到对弱势群体的惩罚有多么彻底，我们就会有一个选择。我们可以认真地权衡较低的应受惩罚和减轻惩罚的观点，在这种情况下，我们建立有效惩罚体系的企图将遭受极大的阻碍。另外，我们可以坚持威慑的作用，并以所需（在 P 以上）的威慑惩罚弱势群体。在这种情况下，我们把减轻惩罚的想法转变为一个纯粹的、形式上的概念：任何对社会有益的威慑水准，不管多高，都是可以接受的，只要特权阶层和弱势群体所受的惩罚存在差异。由此产生了第二个悖论：特权阶层将受到更严厉的惩罚，只有这样，相比之下弱势群体所受的惩罚才较轻。

这两个悖论是令人困惑的，但我认为没有克服它们的简单方法。即便是在了解了它们的悖论性之后，放弃直觉或者拒绝导致这两个悖论的假设都是非常困难的。

第四章　勒索悖论：解决方案

我认为，道德家们企图教化的主导想法阻碍了伦理科学的真正进步：它将得益于无私的好奇心的应用，我们将物理学的重大发现主要归功于这样的好奇心。

——亨利·西奇威克（Henry Sidgwick），

《伦理学方法》（*The Methods of Ethics*）

42 勒索的话题以各种新奇的方式提出了一些中心主题：威胁和供给的容许性、道德和法律之间的关系、关注后果及非后果主义伦理思考的作用，以及自由的限度。人们认识勒索悖论已有很长时间，与其他文章不同，本章并未提供新的悖论，而是旨在提供一个解决方案。"有了这样的解决方案，谁还需要问题？"人们或许会这样认为，因为解决方案本身是矛盾的。但是，我们首先需要了解什么是勒索，然后再看看它的悖论是什么。

"勒索"概念时常被随意使用，但使用者仅仅在修辞学上的强烈的贬义上使用它。在这里，我将在相对狭义的、更准确的意义上使用这个概念，它包含以下特点：其一，以一种没有义务给予关注的方式声明采取行动（或者不采取行动）的意向。换一种方式说，这是法律允许的，而且43 勒索者相信，他或她的勒索对象会发现他们是不欢迎勒索者那种意向的。其二，一份附带的要约，不得在勒索者接受赔偿的条件下执行。换一种方式说，这也是法律允许的。我们称此为"普通勒索"（ordinary black-mail）。

典型的案例是 Q 威胁 Z，他将告诉 Z 的妻子 Z 与另一个女人有染，除非 Z 支付他一大笔钱。这种要钱的方式是合法的。同样，告诉（甚至威胁要告诉）另一个人的妻子她丈夫不忠也是合法的。这里的伦理问题不太清楚。需要注意的是，在道德层面上"普通勒索"的单独组成部分通常被认为是令人憎恶的，这可以说明大众对勒索的共同态度。这里产生了令人奇怪的事情。

勒索不同于"敲诈"，敲诈伴随着威胁会采取非法行为（例如，使用暴力）。勒索也有别于散布破坏性虚假信息的威胁，后者可能涉及"诽谤"。"普通勒索"不包括以下这种案例：勒索者通过非法手段（譬如说，通过窃听）获利。勒索者要求支付不可接受的钱财（例如，被勒索的人做了不道德的或非法的行为），也在我们所讲的勒索意义之外。这些不同情况引起了各种其他问题，这些问题将妨碍我们对"普通勒索"之内在困难的思考。我们想考虑的是纯粹的情况。

最后，我们所考虑的狭义的勒索并不限于信息威胁（犹如 Q 勒索 Z）。比如，如果你要求某种类型的所有店铺每月支付你一笔款项，因为你没有执行那个可信的威胁，即在附近开设能够使其停业倒闭的、有竞争力的商店，那么这就可能产生我们所关注的领域内的问题。（参见 Smilansky 1995a）事实上，有理由认为，从某个方面看，这可能比"普通勒索"更糟糕，因为在这种情况下受害者完全是无辜的，而在普通勒索中，受害者往往做了错事，或者至少是可耻的，所以，他们很难有豁免索赔的要求。但是，我们将着重考虑普通情况。

"普通勒索"概念产生了两种鲜明的悖论，一个是概念性的，另一个是实质性的。　　44

概念性勒索悖论

如果普通类型的勒索的每一个构成部分（要求付款，威胁要做某事，否则他人将在允许的范围内有所行动，以及是否实施威胁）本身是允许的，那么什么是我们有效对抗勒索的根源？为什么这些无害的部分汇集在一起会使事情变得如此糟糕？理解人们对敲诈财物的共同态度并没有类似的困难，因为如果不允许对他人施加暴力，那么就不允许做这样的威胁，更不用说要求付款了。因此，勒索与敲诈之间的对比也有助于突出围绕着勒索的消极态度的问题。

迈克尔·克拉克（Michael Clark）反驳说，"普通勒索"中对金钱的要求是以威胁为支撑的，勒索各部分的组合带来了新的东西，而新的东西就是关于勒索的问题。（Clark 1994）因此，就构成勒索行为的要素是允许的这个事实本身来说并不存在悖论性，而且，确实有其他相似的事件（比如，重婚或卖淫），虽然它们的构成部分没有问题，但它们在道德上是存在问题的。因此，整体行为的伦理意义可能超越了其单个元素的意义。因此，如果第一个悖论被认为是形式上的，那么我们是可以消解它的。由于克拉克指出了这一点，所以可以说他已经解决了概念性悖论。

然而，小说中出现的邪恶或错误的"炼金术"在"普通勒索"中的作用方式仍然是神秘的，单独指出"普通勒索"每个要素的无害性有助于揭示这一点。如果一个人可能威胁要去做（别的方式）允许他做的事，提出以金钱补偿作为回报而不去做这样的事，似乎就不会产生敲诈引发的那种过激感和新奇的罪恶感。当我们反思其他因素时，我们的不满随着勒索之悖论性的迅速消解而增加。被勒索的人 Z 实际上往往更愿意被提供支付勒索者的选项，而且，如果提供这一选项的话，他往往会选择如此。对其自身来说，Z 不想让勒索者把事件的消息出售给新闻界。但是，由于消息的出售是允许的，所以 Z 也希望勒索者把其沉默卖给自己。这种关切是实质性的，同时，它们为我们指向了第二种悖论。

实质性勒索悖论

勒索之哲学上的主要困难来自一种相似性，即在"普通勒索"之典型案例（譬如，Q 对 Z 的勒索），与社会和经济生活中的常见做法（即道德上不把它看作极端可恶，法律也不禁止）之间的明显的相似性。接下来，我将这些做法称为"其他社会习俗"。例如，在许多劳资纠纷中，工人常以合法的停工相威胁以获得更高的薪水；雇主如果不接受他们的要求，同样以停产或聘请其他工人相威胁。在离婚案件中，夫妻双方中的每一方都能以延长诉讼相威胁，如果没有用自己的方式解决问题的话。为了支持各种各样的需求，对商品与服务的抵制可能会受到威胁。未经充分测试的产品的受害人可能会威胁要用民事侵权的法律起诉公司，从而对生产者带来公开的负面影响，除非赔偿能够及时到位。政客们间接地威胁要削减不支持他们的团体的资金。许多提高稀缺商品或服务之价格的事例，实际上是用威胁支持的金钱需求。所有这些常见做法都包含了我区分"普通勒索"的两个特征。那么，为什么以道德视角审视时，我们认为它们与勒索具有本质的差异？　46

　　解决勒索之哲学上的困难的一种方法是，假设共同直觉是正确的。在这种解释下，困惑只不过是如何证明现状是合理的。即使如此，我们的哲学工作仍有不足之处。然而，一种真正的哲学态度将更深刻地追问共同直觉究竟是否合理。思考实质性悖论的效果之一是，我们质疑关于权利和道德约束的基本假设。实质性悖论的后果是威胁在双向传播。我们可能会觉得，我们需要对"普通勒索"采取更宽容的道德立场，或许可以对其非刑事化。（参见 Mack 1982）此外，我们可能会看到对于类似勒索的常见做法，即在道德上等同于勒索。因此，在道义上和法律上都不容忍。在任何一种情况下，其前景都是令人不安的。

　　文献中已经出现了几种试图解决实质性悖论的尝试。首先，我们可以嘲讽的方式解释共同态度。这种解释是，以通常的方式勒索，只能让富人和权势者感到害怕，尽管雇主或政客们很少关注它。因此，有钱有权的人采取"普通勒索"，而不是采取其他社会习俗，这就不足为奇了。但是，这种嘲讽的解释似乎并不能对"普通勒索"之共同态度给出强有力的解释，更不用说为它辩护了。如果你了解到你的兄弟或姐妹正在认真地与一个从事"普通勒索"的人士约会，那么你就会心烦意乱。这似乎不能被解释为是你处在富人的控制之下而陷入"虚假意识"的结果。

　　其次，我们可以承认，在道德上，"普通勒索"与社会习俗之间的相似性是很大的。但是，我们仍然可以相信，它们之间常见的区别在于法律上的正当性。这种说法可以解释这个悖论。例如，执法上的困难可能解释为　47 什么对"普通勒索"与其他社会习俗的法律态度应该是不同的，尽管它们之间可能没有深刻的道德差异。（参见，例如 Feinberg 1988、Gorr 1992）

　　这种方法是有问题的。虽然勒索的问题涉及道德与法律两个方面，但是，我们可以把悖论存在的情况限制在道德方面。即使社会没有从法律层面对勒索进行制裁，也难以否认我们认为勒索者在道德上是卑鄙的。对于那些激烈的讨价还价者，我们通常不会表达如此严重的负面态度。即使我们严格的道德直觉能容忍这种做法，经过仔细思考，它似乎也很难与"普通勒索"区分开来。因此，道德与法律的分歧不是解决道德悖论的方案。此外，如果我们在道德问题与法律问题之间做出明确的区别，那么我们将要付出高昂的代价。在这种语境中，两者之间的巨大差距本身就是令人惊讶和不安的结果。最后，在勒索问题上，道德与法律尤为纠缠，伦理的非难是法律限制勒索的一个主要原因。

哲学家和法学家试图处理实质性悖论的第三种方式是，寻找"普通勒索"的识别性特征，进而从道德层面将其与看似相似的可接受的社会习俗区别开来。这条路线是最诱人的，因为它将减少实质性悖论的危害：我们一旦仔细研究，就会发现"普通勒索"与其他社会习俗的结果是大不相同的。然而，这样一种立见分晓的检验方法尚未被证明是容易制定的。其他哲学家和法学家考虑了强迫与非强迫的选择、侵犯隐私权、第三方的权利、利用对手的弱点，以及伤害和不受益之间的区别。（参见，例如 Murphy 1980、Lindgren 1984、Fletcher 1993）具体的讨论是复杂而有趣的，但是他们显然没有成功。他们所提的建议似乎仅在有限的案例中是成功的，或者，提出关键性的道德假设（如假设勒索问题是有争议的）来回避道德上不允许的问题。例如，"黄色小报"可能侵犯一个人的隐私，就像一个勒索者那样利用他人的弱点来赚钱。一位邻居可能会威胁要修建他有权建筑的第二层，以阻挡某人的视线，除非这个人在某块土地争端问题上做出让步。这似乎是强迫选择和直接伤害威胁的实例。然而，我们当中很少有人会以与我们看待"普通勒索"相同的方式来看待这种做法。

上述方法似乎都不能成功地解决实质性悖论。我们有一种强烈的直觉，勒索不是一个普通的问题，而是一种极其令人讨厌的追求，在道德上高度恶劣，应得到严厉的刑事惩罚与社会制裁。然而，到目前为止还没有人能够就勒索问题指出任何具体的理由，以为这些直觉辩护。

这里似乎有某个其他东西提供了一个"解决方案"。但是，这个方案本身是自相矛盾的。我们没有挑选"普通勒索"，不是因为它的坏特性是独一无二的，而主要是因为缺乏好的部分去克服坏的部分。我最后的结论

48

是，"普通勒索"和我所讨论的做法在伦理上并没有本质上的差异。可能是有更多的理由让其他做法得以继续。我们直觉地认为在勒索中必定存在某些独特性，使得它的卑鄙是如此明显，但是这种直觉是错误的。除非我们对勒索的情形有不同的解释，否则我们就要接受这种"通货紧缩"（即对勒索没有什么特别的负面影响）的结论。

从权利本位、契约主义和德性伦理的角度来看，这里的研究进路都能够做出贡献。但是，功利主义（或者，更广泛的结果主义，即对结果的关注不一定与效用有关）在为常见的做法做辩护这件事情上似乎获得了一种特殊的权威。当不洁信息出现在黄色小报上时，信息使用的不洁性实际上可能增加，但是保持新闻自由的其他好理由超过了这一点。在经济谈判中，使用"准勒索"来威胁和提供好处同样是正当的，因为它的经济效率，或者由于提供和拒绝向他人提供劳动或就业的权利的重要性。但是，"普通勒索"没有提供同等的长处。

将"普通勒索"刑事化将造成广泛的社会危害。一些好的现象可能会出现（一些人可能会克制不当行为，因为勒索增加了风险），但是这与它带来的危害相比可以忽略不计。随着当前打击勒索行为的主要因素（道德的和法律的制裁）的消失或下降，这种新的交易机会得到开发，它将意味着总体上人们可能会面临更多的勒索。虽然人们可能倾向于收买勒索者，如果确实存在这样的勒索者，但总体来看，还是勒索者越少越好。由于商业上入侵私人领域变得可行，所以对于个人隐私的恐惧将加剧。这将不局限于公众人物，而且潜在地威胁着每一个人。这种威胁通常是循环往复的（也就是说，人们需要一次又一次地购买他人的沉默，而且威胁可能来自多个方面，并且没有人能够保证此事将顺利结束）。这种气氛将弥散于每个人的生活中，无论是多么亲密或多么不相干的人，都可能成为潜在的敌人：用霍布斯的话说，"所有人反对所有人的战争"。所有这一切的目的是什么？

如同其他社会习俗一样，"普通勒索"是胁迫性的、伤害性的、贬低性的、剥削性的、寄生性的和攻击性的，但也没有极为恶劣的后果。矛盾的是，很少或者没有什么好处能够从它那里派生出来。

第五章　免于惩罚悖论

应当注意的是，惩罚没有超过负罪感。

——西塞罗（Cicero），
《论道义》（*De Officiis*）

　　在前面的章节（第三章）我们思考过惩罚，知道了从我们的共同道德假设和经验假设中是如何产生两个相互关联的悖论的。在间歇处理了勒索问题之后，我们可以再次回到惩罚。如果我们开始"跳出盒子"思考，那么现在的悖论就会更加明白、更加彻底地呈现出来。

　　一个司法制度（正如我们自己的司法制度）能够完全实现威慑的情况近乎是理想的。在这种制度下，没有犯罪行为，作为一种结果，也没有人被惩罚。有些思考司法制度的人最担心的是犯罪（今后我将在"犯罪"这种总括性的标题下提及其他非法活动）。另外一些人非常担心对人类施加过度惩罚，即使他们是有罪的。而且，几乎每个人都担心被无辜"惩罚"。如果我们的世界没有人犯罪，因此没有人受到惩罚，那么我们就能使这些不同的担心得到平息，这肯定会是美好的。

　　但事情并不是如此简单。假设我们对阻止犯罪所必须具有的威慑性惩罚的程度高度确信。罪犯被抓的可能性也是威慑的一个关键性因素，因此，在确定犯罪程度时，让我们将这个因素也包括在内。我们确信某个确定程度的威慑性惩罚一定会发挥作用，但这种确信并不需要（也不太可能）适用于所有的犯罪。但是，即使我们将惩罚限制在某些特定的犯罪行为上，或者把它限制在一定范围内的目标人群上，争论也会继续下去。让我们把这种完美威慑的程度称为"威慑点"。

如果威慑点适用于罪行 X，以至于任何犯了罪行 X 的人都将面临威慑点程度（或更高程度）的惩罚，那么我们就可以预测这种类型的犯罪行为将不会发生。让我们称之为"理想的完美威慑"。换句话说，对于每一个潜在的犯罪活动 X，达到威慑点的惩罚既能够防止犯罪也能够防止惩罚。唯一的缺陷是威慑点需要非常高：它将与罪行不成比例，并且根据通常的惩罚标准，它就其自身而言就是非常重的惩罚。

为了解释我的想法，我先从讲述故事开始，即讲讲是什么导致了这个悖论的发现。回想起来，我看到了许多如此行事的事件，但最后的领悟应归于伦敦的交通局。在以色列（我居住的地方），一个简单的违章停车最多会被适度罚款，严重的措施（诸如，拖车）是为相当严重的罪行（例如，堵塞交通）保留的。在伦敦，在最近的一次访问期间，我被警告执法者是无情的，汽车可能会因为任何违章而被拖走。这导致我即刻改变了我的停车行为，并时刻将这个警告记在脑海中。

现在我们只需要在相同的方向更进一步。比如，假设我们要阻止在一个公共广场周围停车，因为如果这样的区域没有车辆停放，公众将大大受益。如果不是采取适度的罚款而是将罚款提升至 10 000 美元，也许还包括没收车辆，如果城市大肆宣传这种不相称的后果，那么可以预见，这样的重罚能够禁止在指定区域内的任何违章停车行为。罚款也可能与人们的收入挂钩，因为在芬兰某些违法行为显然如此，因此，即便是超级富豪也不会冒险做违法犯罪的事，因为他们将面临按收入比例计算罚款的威胁。或者，假设我们想阻止伪造货币的企图。如果国家立法机关制定了一项法律，即对任何被判伪造货币罪的人强制执行不能假释的无期徒刑，或许还要没收所有的财产，那么就很可能没有人敢冒险伪造了。或者，考虑"劫车"，通过武力驱出驾驶员而劫取使用中的汽车。如果说劫车被视同为二级谋杀罪，那么我们可以预测（至少在某些社会），小偷会把自己的行为限制在更为传统的偷车方式上。

我们不能为在所有与惩罚相关的领域和每个选区都按照完美威慑的理想运作的世界而全力以赴。我们不得不承认现实存在的限制，例如，吸毒成瘾者，无论会受到什么制裁，只要能够维持他们的习性，他们就不会因为小偷小摸所受到的惩罚而却步。另外，也存在伦理的限制，诸如，不威胁伤害罪犯者的家人。还有许多其他理由怀疑，完美的威慑不能时常得到实现，主要是因为人是非理性的，而且常以各种方式自我欺骗。但是，我们将把重点放在可能适用这一建议的情况上，无论如何，对悖论的兴趣仍然存在，即使它大多是理论性的。

应用威慑点的关键因素是人们必须获得充分的保证，只要他们不犯罪，他们就不会受到惩罚。正如 H. L. A. 哈特（H. L. A. Hart）所说："对建基于自愿行为的法律制裁负责的制度，不仅将个人通过自己的选择来决定自己未来命运的能力最大化，而且将个人预先识别给他的、法律不能干涉的空间的能力最大化。"（Hart 1970：181-182）实现这一目标将取决于这样的机制，比如，要求国家能够在法庭上以确凿的证据证明特定的人犯了罪。法律还允许犯罪者对于惩罚具有某些申辩权，同时，还包括其他的保障措施。为了我们的思想实验，我们必须假设所有这些条件都是完整而可靠的存在。同样，我们假设，惩罚仅仅是为了防止真正的犯罪行为，而不是作为一种服务于政治压迫或宗教正统的机制。

现在我们看看"免于惩罚悖论"：

1. 在威慑点上，没有发生 X 类型的犯罪，因此，没有对 X 型犯罪的惩罚（因为没有人犯 X 罪行）。如果没有犯罪，没有惩罚，那么一切都是理想的。

2. 然而，我们不需要以这种方式存在的完美的威慑点。我们将以恐惧的眼光审视一种成熟的司法制度，它会对严厉和不公正的惩罚构成彻底的威慑。

现在，让我们探讨一些反对建基于完美威慑的惩罚制度的论点。第一个论点是，完美威慑是不公正的。毕竟，显示理想的完美威慑的世界威胁着应受惩罚之外的惩罚的水平。然而，这一举动同时也面临着困难，因为没有人会受到惩罚，事实上也就没有不公正。一部法律，即使它从来没有被适用过，也仍然可能是不公正的。但是，当不存在惩罚时，人们就很难成为不公正惩罚的受害者。在完美威慑下，西塞罗没有什么可担心的。根据传统的结果主义建议，通过实际的不公正（对无辜者的"惩罚"，或对有罪者的不公的加重惩罚）惩罚得到了好的社会效果。与此不同，在完美威慑的情况下，不存在类似的不公正，因为没有人因被阻止犯罪而受到惩罚。同样，没有人为了他人的利益而被"仅仅作为一种手段"（康德语）使用，或者为他人的缘故而牺牲。毫无疑问，严重的不公正问题，*54*从一开始就是以极端惩罚的威慑来阻止惩罚的发生。

　　第二个论点是，如果有人犯罪呢？那么，他或她确实将面临一个不愉快且不公正的预期。这里我用两种方式回复。第一种回复仍旧是理论层面的。即使在处理一个非常确定威慑将在其中发挥作用的案例时，大多数人仍然反对所建议的过度惩罚的实际威慑。因为担心有人会落网，不能做所有符合直观性的工作，使得我们拒绝追求理想的完美威慑。这一结果足以满足我的目的。我们可以通过运用模仿理想条件的模型学习道德，犹如我们学习物理学或经济学那样。第二种回复是，我们当然可以从经验角度思考这个案例，威慑是万无一失的。在这样的案例中，威慑是如此强有力，以至于人们不得不理智地屈从于犯罪。这种明显的混乱可能是因为不同的处理方式。再有，即使一个被定罪的人（毕竟，他是有罪的），通过一个大体表现出理想的完美威慑的、充分构建的司法制度，受到了过度惩罚，这种过度惩罚也是罕见的。此外，与现行制度安排的危害相比，它的重要性可以忽略不计，在现行制度安排下，犯罪和惩罚罪犯所带来的苦难比比皆是，这是社会始终未能提供足以遏制犯罪行为的激励措施的部分后果。当然，与现行制度相比，在所提议的制度中，惩罚无辜者的风险将大幅度下降。

　　第三个论点可能是基于恐惧。人们担心如果他们实施犯罪，他们会受到相当于威慑点严厉程度的惩罚，这将困扰他们的生活。然而，这种可能性是非常夸张的。诚然，设置过度惩罚以及意图施以威慑，是基于有人会犯特定的罪行。就威慑能够被人们认真对待而言，这是必要的。然而，如*55*果人们知道司法制度提供了一个无辜者在其中不会受到伤害的环境，那么他们就不会犯罪，就会保持清白，并因此而具有安全感。对基于恐惧的论点所做的进一步回应是，在适当的司法制度下，人们可能会因为他们没有犯的罪而受到惩罚，甚至（在某些社会中）一个人可能会因为他没有犯的罪而被处决。然而，很少有人生活在这些会发生在自己身上的恐惧中。

第四个论点是，人们或许会认为，当事情按照理想的完美威慑发挥作用时，个人的自主权将受到影响，以至他们的决策过程将受到非法的打压。毕竟，在适用于理想的完美威慑的条件下，在我们现行制度中可能会犯下的大量罪行被阻止了，而且，只有用极端惩罚的威慑才能防止这些犯罪的发生。但是，这种说法有双重的错误。它的逻辑也适用于以下事实：人们现在就是因为怕受到正在执行程度的惩罚而不敢犯罪。犯罪是错误的：如果有人因为惩罚的威慑而远离犯罪，这似乎是一个好的结果。我不明白，为什么人们能够合理地认为，社会应当给予潜在的犯罪分子接受减轻惩罚的选择（即根据现行的普遍安排），而这只能使人更容易犯罪。

因此，我们关注的过度惩罚的威慑与预先惩罚的威慑大不相同。克里斯托夫·纽（Christopher New）提出：当我们在合理的怀疑下确信某人将要犯罪时，我们就可以在其实施犯罪之前对其施以惩罚；在我们知道在某人犯罪之后我们将难以惩罚他时，我们也可以在其实施犯罪之前惩罚他。（New 1992）我的回答是，这种预先惩罚与尊重人的理念背道而驰。（Smilansky 1994d）依据这一观点，即使在最后时刻，我们也必须让（仍然是无辜的）人们自己决定，以避免犯下罪行，从而使其保持善良的道德品质而且不受惩罚。但是，尊重人的理念似乎并不能在这里发挥类似的作用，再有，没有人应该受到减轻惩罚的威慑，这样会使他更容易犯罪。

此外，描述一种完美威慑的局面是一种误导，在这种情况下的主体将不堪重负。理想的完美威慑不是通过某些危险的洗脑机制或者大脑中的化学干预起作用的。在这个世界里，政府不侵犯任何人的隐私，也不回避或修改任何人的自主权。现在所有事情一切依旧：主体未受影响。通过提高对特定罪行的罚款，例如，从 50 美元增加到 5 000 美元，或者从 2 年的缓刑提升到 12 年的监禁，我们仅仅为潜在的犯罪者提供了一个自由地选择不犯罪的更理性的理由。

实际上，使用威慑点有利于某些种类潜在的罪犯，即那些因威慑加剧而不敢犯罪但在旧规下却很可能犯罪的人。我们把他们从犯罪边缘拯救了过来，他们如果犯罪被抓，必将受到惩罚。

司法制度在本质上以严重而不相称的惩罚实现对人的威慑，这个理念是令人讨厌的。然而，在完美威慑能够应用的领域，犯罪行为及惩罚都能得到防范。这是完美威慑的吸引力所在。刑事司法制度旨在预防犯罪。如果可以做到这一点，其成就甚至不需要任何人为此付出被惩罚的代价，那么还有什么可抱怨的？比较一下这种情况，如果一个人生病了，想到服药就能防止疾病，那不是很好吗？我们牵涉高水平犯罪与惩罚现行制度并不令人满意，完全没有满足需要的吸引力。我们还没有看到拒绝理想的完美威慑的令人信服的理由（在前面提到的"哈特"条件的约束下）。

其中一个可能的原因是，在讨论核威慑时，在天主教思想中出现了特别关注意图的问题。为了这种威慑的有效性，必须形成错误的意图（大量屠杀贫民），这种意图的形成可以说是不道德的。（更好的讨论，参见McMahan 1985、Kavka 1987：ch. 2）我们考虑的惩罚是非常不同的：它的重点是惩治有罪者，它通常不会涉及死亡威慑，也不打算防止社会的湮没，它是多次重复的，是通过司法制度做出的，等等。这些基本的差异可能有利于解释，为什么核威慑能够被广泛地实践和接受，而严厉和极端的惩罚威慑却被回避了。然而，为反对过度惩罚，这里将提出一个类似的原因，即基于意向的错误而做错的事。但是，这种担心似乎并不太重要，除了某些神学假设之外：我怀疑，如果一个假设性的意图不会被实现，它还是那么不道德吗？如果它在一些特殊的场合被现实了，那么过度惩罚本身（而不是意图）就是至关重要的。这里我无法认同神学的考虑。

通过我们能够实现的司法制度和使用过度的惩罚威慑来寻求完美威慑的建议，顺理成章地引发了强烈的反直觉。只要我们觉得我们不能克服这些直觉，并且继续坚持我们当前的做法，我们就面临着免于惩罚悖论。

可以说，在任何情况下我们都面临着悖论性。不选择一种能遏制罪行与惩罚的方式（我们完全达到刑事司法制度所期望的目标，甚至没有惩罚任何人），这看似是矛盾的。但是，选择一个建基于理想的完美威慑的方法，这似乎也是矛盾的。因为我们说，司法制度应该以严厉的和不成比例的惩罚（这远远超过了人们应受的惩罚）来实现对人们的威慑，如果这样的威慑被实施了，那么在某种程度上它显然是非正义的。

文明的西方社会似乎设计了以克制的方式惩罚罪犯的司法制度，作为社会减少犯罪行为的主要手段。但是，在某些领域，希望用极端惩罚的威惯来完全遏制犯罪，使我们面临着悖论。不构建一个既能够预防犯罪又不实际惩罚任何人的司法制度（让犯罪活动和惩罚一起消失），这似乎是不合理的。但是，构建一个主要是以不公正的惩罚来实现对其公民之威慑的司法制度，在道德上似乎也是令人难以接受的，这种制度的正当性取决于这个想法（即使它是真的），即其威慑将永远不需要被执行。

第六章　不因道德之恶而愧疚悖论

他人的情绪不能影响我们，但在某种程度上会渐渐成为我们自己的情绪。

——大卫·休谟（David Hume），
《人性论》（*A Treatise of Human Nature*）

坏事常常发生，道德高尚的人对这种事情的发生应该感到愧疚。有时59候，道德允许人们不用管这些坏事，更不必为阻止其发生而争斗，否则，就可能说道德的要求是过度的。但是，道德高尚的人应该对坏事的发生感到愧疚，还有比这更明显的吗？如果坏事就发生在某人周围，或者某人被卷入其中，就更应如此了。我将论证，有时不对坏事的发生而感到愧疚在道德上是被允许的，甚至对此感到快乐也是被允许的。但是，这在道德上如何能解释得通？

考虑一个显然不好的案例。在你出生之前，你父母生下了一个除了有很严重的心脏病之外看似正常的女儿，这个病导致她几个星期后就死亡了。让我们从你父母的角度想想这个影响。之后，你出生了。随着时间的推移，你知道了，假如你姐姐活下来了，那么你父母就不会生你。你对她的死感到愧疚吗？事实上，我就是那个孩子，因为我姐姐出生后不久就去60世了。总之，我对她的死并不感到愧疚。请你站在我的立场上考虑一下你自己的反应。

当然，婴儿的死亡是一件坏事。相反，在这种情况下，如果你是那个"可能"的弟弟或妹妹，若是没有那种坏事发生，你就不会出生。事实上，婴儿没有被怀上的次数简直多得不可胜数，除了说它是一件不同寻常的事之外，不能说它是悲伤的，更别说是坏的。我看不出你应该为这些事情的发生感到愧疚，但幸灾乐祸是不恰当的。从同情和怜悯的角度说，你能够也应该为她感到难过（同样也对你的存在建立在她的死亡之上感到遗憾，对没有让你们都能存在感到遗憾，这是一种对反事实情况的遗憾）。但是，从整体意义上说，你可以不为已经发生的事情感到愧疚。为了区分这两种意思，我们把第一种愧疚称为"对某人感到愧疚"，把第二种愧疚称为"对某事感到愧疚"。你应该为她感到遗憾，但可以不为此事（包括她的死亡）的发生感到愧疚，因为如果不是这样，你就不会活着。甚至在道义上允许你对自己的出生感到高兴，尽管你知道，因为你姐姐死了你才能出生。

没有任何东西暗示你会被允许（以某种奇怪的科学方式）导致她的死亡。然而，这也似乎意味着你可以不为她的死亡感到愧疚。事实上，不仅她的死这件事情本身不好，而且从总体上说她死了也是糟糕的事；再者，与她继续活下去而你无法出生相比，她的死亡也是更为糟糕的。以这种方式看，道德比我们通常想象的更加宽容。在情感上"接受"自己生活中的糟糕部分（甚至是戏剧性的糟糕部分，正如我们在"幸运的不幸悖论"中所见的那样）是一回事，而"接受"（甚至欢迎）他人生活中的糟糕事情又是另外一回事。然而，从情感上接受他人的灾难有时在道德上是可接受的，即使这些灾难自始至终都是糟糕的。

61 我顺便说一下，关于"道德之恶"这个术语，存在两种通用但又有分歧的直觉。从狭义上理解，道德之恶的产生涉及一个人做了道德上的错事；从广义上理解，我们可以把恶的事情都称为道德之恶，虽然没有人在道德上做了错事，但有些事情（诸如自然灾害）的发生在道德上是令人痛惜的。我赞同更广义的解释，但缺少充分的理由支撑这种解释。

如果人们相信，他们总是应该对坏事的发生感到愧疚，而且肯定不应该对那些事情的发生感到高兴，这也许是有益的。当然需要抵制人类所具有的强烈的仇恨、恶意、嫉妒和冷漠的倾向。但是，这是一个不同的问题。婴儿事件表明，在某些情况下人们可以不为坏事的发生感到愧疚，甚至这种无须愧疚的唯一原因是，人们从中受益。

当然，这里会有限制。许多人的出生，是因为他们的父母在逃避纳粹迫害时相遇了。虽然要不是大屠杀他们的出生几乎肯定不会发生，但是从道德层面说，人们不能为大屠杀的发生感到高兴。大屠杀造成的痛苦、失落、邪恶的程度太大了，受难的人不计其数。事实上，以下这种思考貌似有理：由于大事件的破坏性影响，这里争论的范围变得更广泛；要不是存在大屠杀以及历史上的其他灾难，数百万人不会出生。（参见"非同一性问题"；Parfit 1984：ch. 16）对历史事件的反思意味着，即使没有重大的灾难，我们和我们所爱的人不会出生，我们也不能对那些历史事件的发生感到高兴。

　　我们不应该认为，我们关于婴儿案例的结论是从一种好奇心或者是从一种看该案例的奇怪观点中得出的。假设一个疯狂的持枪歹徒碰巧朝你的方向开火，碰巧两个行人踩进了火线，被射中死了，但你的生命因此而得救了（这两个人被射中，对于你不被射中是必需的）。从道德上说，两个人死亡比一个人死亡更糟糕，即使其中一个人可能是你。你应该对这两个人感到愧疚，即总体而言，你需要对发生在他们身上的事情感到愧疚吗？我不这样认为。事实上，当这样的事情发生时，我们常常并不是含蓄地表示歉意，如果不是那么戏剧性的话。如果我在爱情上很成功，或在工作上获得了突破性进展，这往往源于我的竞争对手出现了意外情况（也就是说，他或她精神崩溃了，或者天生就不聪明或迷人）。在竞争语境之外，我可能会希望他或她很好，但在这种特殊的竞争语境下，我并不对此感到愧疚，对所有事情成败的考虑占了上风。当坏事发生在他人身上时，通常情况下，我们不做（或者不会做，如果我们可以做的话）任何改变的事情，我们不认为我们必须改变它们，我们也不会对自己的处境仍然与以往一样好感到愧疚。值得赞扬的是，我们通常不会以这种方式看待问题（"我很高兴他失败了，因为我因此获得了这个机会"），同时又常常感受到一些矛盾的情绪。（参见 Greenspan 1980）但是，在如此激烈竞争的情况下，如果有人反思他或她的反应，而且声称对自己的获胜感到愧疚（这里的愧疚是在"对某事感到愧疚"意义上使用的），那么我们就会怀疑这样的人是虚伪的。

　　某些类型的平等主义者和功利主义者（由于不同的原因）会更坚定地致力于此。由于其立场的性质，他们往往会（或者，至少应该）对坏事发生在他人身上而不是自己身上感到愧疚，但这种说法也许仅仅是那些立场的缩影。

现在考虑一种不同的情况，非常坏的事情发生在道德上的恶人身上。这类事件也与我们有关，因为这些人所遭受的不幸可能与他们应得的惩罚不相称。一群憎恨犹太人和黑人的种族主义新纳粹分子，对任何犹太人或黑人的痛苦或死亡感到高兴，但对任何犹太人或黑人都没有做出严重伤害的举动。在某一天，这个小组的成员（没有其他人）所乘坐的旅行巴士在路上转弯而坠入悬崖。死亡是一种惩罚，这种惩罚是致命的，而且远超过那些非暴力种族主义者所应得的惩罚。因此，他们的死亡是一件坏事。总的来说，他们死了是一件坏事。犹太人和黑人们应该对他们死了感到愧疚吗？或者，他们真的应该对他们感到愧疚吗？这似乎是多余的。考虑一个类似的案例。一个强奸犯逃脱了法律制裁，但落入了使他备受折磨的暴徒手中。在这个案例中，我们可以假设，道德上禁止折磨人，但是被强奸犯强奸的妇女应该对他感到愧疚吗？由于所涉人员（由"相关主体"组成）的特殊性，有时候某人是可以不对道德之恶发生在他人身上感到愧疚的。在新纳粹分子和强奸者的案例中，不表示两种意义的愧疚（"对某人感到愧疚"和"对某事感到愧疚"）似乎是被允许的。

这里我们似乎能够区分而且能够理解，为什么有时在坏事发生时允许不感到愧疚甚至感到高兴，但有时候却不能如此。当"9·11"恐怖分子袭击纽约双子楼时，人们普遍认为，世界各地的许多人都对这起事件感到高兴。但是，很明显，这种高兴是非常有问题的。如果任何人可能（在道德上）对这些事件感到高兴，就给我们留下了思考的空间。这与强奸案的受害者的高兴是不一样的，因为被折磨的厄运降临到了她们身上："9·11"事件中的平民受害者不需要对恐怖分子的伤害负责，或者对为事件感到高兴的人负责。同样，在大多数情况下，对婴儿的无端死亡感到快乐算是一种可怕的反应，因为婴儿的死亡并不是你出生的条件。我们的重点将放在清晰的情况上，在那种情况中不必为道德之恶感到愧疚，甚至可以为之感到高兴，这似乎是道德悖论所允许的。

在我们思考的维度，谁可以对坏事的发生感到高兴？我赞同狭义的解释。我们可能试图扩大不对道德之恶感到愧疚的"允许"：不仅仅是犹太

人和黑人，难道不是每一个人都对新纳粹分子感到不安吗？不仅仅是受害
者，不是所有人都应该谴责强奸犯吗？事实上，我们都应该谴责。但是，
这里的问题不是厌恶和谴责恶人。相反，我们更多关注的是以下这种有问 64
题的想法：当道德上的坏事发生在坏人身上时，有人可能不会感到惋惜，
甚至可能会感到高兴。例如，当他们受到委屈并遭受超越他们应得惩罚的
痛苦时，我们却感到快乐。在这里，我认为，在某种意义上，容忍这种态
度必须局限于那些是坏人的直接受害者或目标的人，尽管这里可能还有一
些道义上的回旋余地（将"允许"范围延伸到家庭成员？）。当然，问题
是应该怎样理解这种想法。也许，在某种有限的方式上，我们所有人都可
以不对这些人感到愧疚，但我们中的大多数人应该对他们遭受不相称的伤
害感到愧疚。毕竟，道德之恶发生了。其他一些因素可能成为直觉工作的
一部分：也许，使得我们以这种方式做出反应的是这样一种信念——坏家
伙要么应该受到超过他们所应得惩罚的伤害，要么完全自由，而我们希望
阻止他们完全自由，或对其完全自由感到愤怒。否则，就很难理解，我们
为什么会认为，当道德之恶发生在与自己无关的人身上时，人们会感到高
兴。这种宽泛而简单的负面情绪肯定会产生"溢出效应"的风险。但是，
需要注意的是，即使有人倾向于不同意这个观点，并试图扩大"允许"
的范围，也不会削弱这里的悖论，相反，只会使它更加尖锐。因为，如果
没有人被允许去杀死一个坏人，但在那个坏人被谋杀时，每一个人（不
仅仅是一些特殊的、有限类型的人）都被允许感到高兴，那么事情就比
我论述的更具悖论性。

　　我的主张是：不因道德之恶而愧疚，甚至对此感到高兴，这在道德上
是可以接受的。对于我的这种主张，有四种可以预见的反对意见。第一，
人们质疑是否愧疚全在自我，因此把这个问题置于道德考虑的范围之外。
然而，这是令人难以置信的。这里的问题不是某种深切的情感反应，只是
某人（如果被问及）对某些案例中的事情表示愧疚的基本情感。我们能 65
够理解，从道义上说我们有理由对某些事情的发生感到遗憾，而且我们确
实有能力影响这种态度。此外，这种批评显然太过分了：当然，我们想说
的是，如果一个人不为无端杀害儿童的行为所困扰，或者当他得知一艘满
载老佛教徒或穆斯林的船沉没而且他们全都淹死时，他会感到高兴，那么

他在道德上就是错的（如果他神志正常的话）。道德的目的是让人们能够约束自己的行为，即使是在道德上无法接受的情况下。但是，这并不影响以下这种观点：对某些事情感到高兴在道德上是不恰当的（或者更糟）。

第二，我们情感的通透性和偏见性可以证实，我的主张"没什么大不了"。毕竟，我们通常被允许更多地关心那些与我们亲近的人，并且我们的情绪不会密切地追随客观价值。即使宠物的死亡也会让人感到悲伤，这是很自然的，这与失去宠物的客观道德分量完全不成比例，而道德允许这样做。然而，这不是相同的事情。本章的问题表达的是这样的理念：人们根本不需要为某些道德之恶或错误的事的发生感到愧疚（甚至可以感到高兴），诸如，非应得的死亡或折磨。但是，尽管人们在重大问题上的反应将明显与道德相反，甚至基本的道德约束遭到破坏，道德也允许这样做。这样的情况如果属实，那肯定是令人惊讶的。

第三，人们或许会认为，我所提出的案例除了展现我们熟悉的主体中心优先和主体中心权限之外，什么也没展现。例如，如果我们旅行所乘的船只翻了，我们是被允许去救自己所爱的人的，即使我们不这样做的话我们可以拯救大量的陌生人（从而给事情带来客观上更好的状态）。然而，这种反对意见误解了这些例子的性质：我们无权杀害那位婴儿（她在出生不久后就死了）或者新纳粹分子（他们的旅游巴士坠下悬崖）。在偶遇的枪击事件中，我们不允许为了保护自己而将两个旁观者推入火线范围。道德不允许我们造成这些死亡（因为它确实允许我们不阻止那些我们不能挽救的陌生人的死亡，因为我们代之以挽救了我们所爱的人。）。然而，我认为，从核心的意义上说，有关各方对婴儿、新纳粹分子或不幸的行人的死亡不感到愧疚，在道德上不是错误的。这个显而易见的事实，即道德上支持某人对某种他不被允许做的坏事感到高兴，是困惑我们的核心所在。

第四，可能有人说，道德上的严肃性妨碍了我的结论。如果我们致力于道德，那么我们就必须对我提到的案例感到愧疚；我们的态度应该符合我们的道德判断。这只是虚伪地承认了道德，但不要指望对恶事的发生有恰当的反应。这种绝对主义的观点似乎太过强烈。我认为，我的案例是具有说服力的，它为悲观的道德期望设置了限制，甚至对那些有道德的人也是如此。当一个人不能合理地按人们期望的那样感到悲伤（至少大体上有悲伤，对某事感到悲伤）时，也许悲伤的呼唤本身就是对伪善的呼唤。

坏事甚至发生在善良无辜者的身上。通常情况下，糟糕的事情往往占上风。人们在道德上时常被他人冤枉。不愧疚也许完全没有问题，我们甚至被允许可以感到高兴。道德似乎不要求善良的人们总是对道德之恶的发生表示愧疚。对于道德之恶，我们什么时候应该感到愧疚，什么时候不应该感到愧疚，什么时候甚至应该感到高兴，这些是困难而又重要的问题。虽然我们已经开始探讨，但有待进一步的研究。我们的情感在形成我们的道德行为，以及让我们按照道德需求生活方面起着重要作用。悲伤的缺乏，以及对他人的不幸感到高兴，显然导致了历史的罪恶，如奴役、经济压迫、反犹太主义以及暴力的宗教征服、民族主义征服。与幸灾乐祸做斗争，是道德的中心所在。然而，我们已经发现，在某些情况下，这种缺乏悲伤甚至高兴是被道德允许的。

第七章 选择—平等主义与基线悖论

如果人们在其境遇中因不平等而处于不利地位，那么这是不公平的，但是，在我看来，要求其他人对我的选择付出代价同样是不公平的。

——威尔·金里卡（Will Kymlicka），
《当代政治哲学》（*Contemporary Political Philosophy*）

许多人认为，当前不平等的水准是不公平的，从而提倡"平等优先"（或平等主义）的立场。我们应该探究在当代哲学辩论中占主导地位的平等主义观点的优点，这种平等主义被称为"运气—平等主义"，而更我倾向于称其为"选择—平等主义"（choice-egalitarianism）。"选择—平等主义"是一种给自由选择以关键地位的平等主义立场。不同于以往的平等主义立场，选择—平等主义似乎适当地解释了选择和责任在道德辩护中的作用。例如，如果一个人因为能够随心所欲地依附于对社会资源的不平等占有而需要更多的资源，那么他人就无须为他的选择买单；如果他自己养成了对昂贵商品的嗜好，或者在高风险的商业赌博中反复挥霍他的资源，那么其他人就不需要为他的不负责任买单。选择—平等主义似乎或多或少地与市场经济，以及与通过开放的、多样化的选择为个体提供自我发展之机会的社会相协调。平等、选择、责任、效率之间价值协同的前景吸引着我，直到我开始明白坚持选择—平等主义所暗含的一致性。

选择—平等主义的基本观点如下所述。我们可以以道德的方式评价许多方面的平等和不平等：收入、财产、幸福，等等。无论我们正在评价的相关因素是什么，平等主义的基线都是平等的：规范地说，我们的评价是从假设每个人都应该接受基线（除非某个人在不接受基线的情况下仍然

能够被公平地对待）开始的。在选择—平等主义中，一个人不接受基线
的唯一可接受的理由是以他或她的自由选择为基础的。例如，当平等的因
素是不需要支付费用就可以获得某种高等教育时，一个人就可以自由地选
择不上大学。某人因为不喜欢学习（但更喜欢冲浪）而没有上大学，他
的确终其一生没有接受大学教育。选择—平等主义并不认为这一结果是令
人反感的，因为这是由那个人的自由选择决定的。

G. A. 科恩（G. A. Cohen）提出了一种有益的选择—平等主义：平等
主义者应该争取"获得优势的平等"（Cohen 1989）。既然事实上不平等
获得正当性的唯一方式是通过自由选择，那么不是由"真正的选择"造
成的不平等就是一个道德问题，即人们在其中处于不利地位的任意方式的
不公正问题。他写道："平等主义者主要目标中的很大一部分是要消除野
蛮运气对分配的影响……野蛮的运气是正义的平等的敌人，真正的选择的
结果与野蛮的运气截然不同，真正的选择是不能接受不平等的。"
（p. 931）将选择—平等主义的核心观点，与科恩的立场乃至其他选择—
平等主义者的立场联系起来是困难的。（参见，例如 Arneson 1989，也可
参见 Arneson 2000、Rakowski 1991、Temkin 2003）

在选择—平等主义的诸多潜在困难中，最为显然的是自由选择的概
念。因此，对选择—平等主义者而言，自由意志问题的复杂性是关键所
在。（参见 Smilansky 1997a；2000：ch. 5，sec. 6.3）下面讨论关于因素的 *69*
第二种困难。如果这个因素是残疾保险，那么平等或许就不是什么问题，
但是，如果我们说，每个人都应该和其他人一样幸福，那么就会出现较严
重的困难。（参见，例如 Smilansky 1995b）比如，幸福往往取决于一个人
的爱情生活，但试图将每个人的爱情生活平等化就会产生问题。在此，我
将假设，选择—平等主义可以充分认识到自由选择的基本含义，以及需要
考虑的因素。我考虑的这种对选择—平等主义的不同挑战涉及基线概念在
理论中发挥作用之方式的含义。

关于基线，并没有本质上的问题，除了在平等主义中，在其他领域经
常能够见到这个概念。我们可以只把基线看作有用的规范性工具。基线的
形式多种多样。基线可以是一种中间状态，人们可以在基线之上，也可以
在基线之下，但由于相反的原因，这两种情况都是不适应的：比如，亚里

士多德认为，美德存在于两个极端之间，这就是一个例证。有时，基线很低，人们就只会在它之上。志愿工作具有选择性，并不是一个人的道德义务，所以志愿的基线是非自愿：如果一个志愿者为公益事业服务，那么他处于基线之上，而一个人不做志愿者，他也不处于基线之下。有时候，基线位于顶端。在这种形式下，不处于顶端是需要理由的：在基线的"上面"是不可能的，而在下面又需要理由。当我们说每个人在被证明有罪之前都应该被认为是清白的时，我们是将无辜作为基线。同样，对于大多数的人权：某些基本的自由构成了一个基线，我们废除它们需要强有力的理由。

在平等主义中，标准基线是平等，背离这个基线需要理由。因此，公平是人与人之间的比较，因为我们比较了相关方面的人，而他们之间的不平等就需要被证明是合理的。对此，选择—平等主义补充认为，任何不平等（例如，某人所拥有的比其他人少）的唯一可接受的理由是，这个人自由地选择了它。（在这些语境中，关于基线观念的运作方式，参见 Smilansky 1996a、1996b）

更确切地说，如果 A 在 F 因素的范围内比 B 差，那么，选择—平等主义要求，A 在 F 因素的范围内中有机会和 B 一样好，A 之所以不是那样好，是因为 A 的自由选择。

下面讨论收入问题。根据选择—平等主义，衡量不平等的标准基线是什么？第一个近似值是：任何人拥有的最高收入。让我们称之为最高收入。无论最高收入是多少，选择—平等主义都认为，每个人都应该拥有相同的收入，除非某个人的自由选择导致她获得了较少的收入。其中的争议在于，基线的位置甚至被定得更高。也许，对选择—平等主义来说，如果人们决定在自己能获得最高收入的岗位上尽其所能地努力工作，那么基线就是他们最可能获得的收入的水平。我们可以称之为最高的潜在收入。

我们现在考虑最高的潜在收入，而不是仅仅考虑最高收入，是有原因的。假设马克西能够在自由市场中选择职业并通过这个职业挣钱，但她只愿意工作一半时间。那么，她只能获得潜在收入的一半。相反，由于很多自己无法控制的因素，米妮的收入不高，比不过马克西。按照选择—平等主义的想法，社会显然应该补助米妮，使得她与马克西的收入持平。否则，米妮将会挣得更少，就她的自由选择而言，这将是不公平的。但即使米妮能够挣得和马克西一样多，她也可能不希望只工作一半时间；她可能想实现她的赚钱潜力。让我们假设这就是她所要做的。如果我们仅仅以最高收入作为我们的基线，那么我们就忽略了米妮和马克西在收入潜力之间的不平等。这似乎也不是米妮以任何方式自由选择的结果。因此，最高的 *71* 潜在收入似乎是选择—平等主义要求的基线。然而，即使是最高收入，也足以让悖论显露出来。

现在考虑一群在世界上完全无能为力的人：无论他们多么努力，无论动机多么积极，坚持不懈，他们都无法获得被我们称为"因素"的大多数商品。例如，他们是如此无能，以至于在市场经济中，没有人出于最轻微的自我利益动机去雇佣他们。因此，在资本主义制度下，这些人不能获得任何形式的收入。我们把这些人称为无效人（Non-Effectives，缩写为 NEs）。

在这种情况下，悖论产生了。根据选择—平等主义的观点，无效人应该得到最高收入，甚至最高的潜在收入，因为选择—平等主义之基本的道德含义是：与无效人相比，没有人应该获得更高的收入。因为，如果有人这样做，那么这种不平等就不能通过那些处于更糟糕状态（根据 NE 的定义）的无效人的自由选择而获得正当性。因此，对选择—平等主义来说，收入视域中的社会秩序（或资源，或福利，或在选择—平等主义条件下的任何平等的因素）将在顶端发现无效人，因为他们被永久和无条件地"卡在"基线。非无效人（非无效人，即有效人）的收入会越来越少，这取决于他们自由选择更少的工作，或者选择不进一步发展他们增加收入的能力，或是通过他们其他的自由选择，而在多大程度上低于最高收入（或最高的潜在收入）。

选择—平等主义承诺了一个可行的立场，以适应自由社会和市场经济。一旦我们看到它的基线必须有多高，以及选择在决定与基线相关的地方所起的特殊作用，这种"可行的平等主义"的希望就会被看成错位的，犹如以下在选择—平等主义条件下公平社会秩序所具有的特征：

1. 就拥有相关因素（如最高收入和最大资源）而言，处在顶端的人将是无效人。没有人比任何无效人将拥有更高的收入或占有更多 *72* 的资源。他们接受的基线，虽然可能很高，但将是无条件的。

2. 无效人将拥有的高收入是通过与某个拥有最高收入（或最高的潜在收入）的人在经济博弈结束后计算出来的。让我们称这个人为"比尔·盖茨"。这个人的收入会有波动，但无效人的收入也将随之发生变化。

3. 一个人将拥有多少收入、占有多少资源，与他的成就和对他人的贡献之间没有充分的关联：事实上，完全没有贡献的人将永远（和比尔·盖茨一起）处在层次的顶端。

4. 在无效人（和比尔·盖茨）所占据层次之下的每一个层次都存在着严重的不平等，因为大多数有效人（他们具有贡献的潜力，并且能够赚钱，如果他们努力工作的话）将会因为自己的自由选择而从基线上掉下来，掉至各种不同的层次。（见表 7-1）

5. 有效人将不得不为无效人（在较小程度上，为部分无效人，等等）提供资金。但是，有效人要达到基线标准是极不可能的，而无效人却能自动地位于基线。

因此，这就是基线悖论。对选择—平等主义而言，无效人必须位于最高收入（或者，甚至是最高的潜在收入）这条基线上，然而，有效人却

表 7-1   选择—平等主义的世界

73	最高的潜在收入？	
基线 最高收入？	比尔·盖茨 和所有无效人	
	有效人	
	有效人	
	有效人 有效人 有效人 有效人 有效人	

很有可能低于基线，尽管他们毕生都在努力贡献。选择—平等主义将每一个无效人的指标对应于比尔·盖茨（甚至于是他能够得到的最高的潜在收入），而这是勤奋工作的有效人不太可能接近的。这就意味着，选择—平等主义不能给无效人提供它必须提供的东西，与此同时需要较为公正地对待努力工作的有效人。对平等主义者来说，无论问题如何影响到他们的职位是否仍对其他人有吸引力，这都是一件给他们带来麻烦的事情。将无效人置于与比尔·盖茨同样位置的义务，不可能与在无效人和有效人之间保持合理的关系的道德要求相协调。这两个要求之间是矛盾的。此外，选择—平等主义"惩罚了"选择能力，因为它导致的结论是，那些在某个岗位上能够做出将提高他们的收入、提高为他人的福祉做贡献的能力的选择的人，他们所处于的水平很可能远远低于那些无法做出这种选择但却无条件地占有福祉的人所处的水平。这个看法不仅是荒谬的，而且在道义上是令人厌恶的。它（或者任何关于它的观点）可能被应用于自由的现代社会，它的前景不可能令人乐观。

如果从狭义上理解，扩大因素，认为其与收入或资源无关，事情就更令人震惊了。比如，假设，幸福和荣誉是均衡的因素，那么（依据选择—平等主义的观点）没有人可以比最抑郁者更快乐，也没有人可以比最少受到尊重的人更荣耀，无论她的成就或贡献如何，除非抑郁者或最少受到尊重的人是因为他们自由选择如此。（参见 Smilansky 1995b）卡斯珀·利普特-拉斯穆森试图通过注重幸福而不是收入或资源来化解这个悖论。（Rasmussen 2004）因为在幸福的能力方面，没有人是严格的"无效人"。但是，正如我在回复中所认为的（Smilansky 2004），如果事情按照这一方向发展，那么对平等主义而言，事情就只会变得更糟糕。对补偿的需求不会随着收入（即使是比尔·盖茨的收入）而停止；它将会变得永无止境。最好从收入和资源这些标准因素来考虑这些问题。

对于这个悖论，似乎有两种可行的回复。首先，也许选择—平等主义不需要使用一个"顶端"基线，就像我在得出这一悖论时使用的那样。比如，为什么不采用"中间"基线？这可能相当于所有公民都能

74

享有的某种"体面"的收入或资源。由于他们的自由选择（比如说，由于决定不工作）他们将会失去它，或者能够达到或超过它（比如说，通过加班）。一个具有"中间"基线的社会秩序对那些具有平等主义情感的人来说，有很大的吸引力。在他们当中，有效人的收入和资源取决于他们的选择，而无效人的收入和资源（他们不能"参与博弈"，因此75 不能低于基线）则会处于相当高的基线水平。肯定会有比这更糟糕的情况。即使如此，从选择—平等主义的观点来看，这个"中间"基线的建议也是不适当的。如果我们认真地审视选择—平等主义，那么这个情况，即任何一个人在相关因素上的获得不如其他任何人，就只能通过第一个人的自由选择才解释得清楚（否则，就是在他或她的控制之外的道德方面的武断力量，而不是自由选择，决定他或她得到什么）。但是，在"中间"基线世界中，这种情况显然不会发生，因为在这里，有些人的境况会比无效人好得多，而无效人却没有选择达到更高水平的机会。因此，以"顶端"基线维护公平仅仅是选择—平等主义的深层直觉。[1]

其次，选择—平等主义可能会承认这一悖论，但却试图消解它，即宣称提出选择—平等主义并不是为了彻底地说明一个社会应该如何安排它的社会事务和经济事务。这是一个明智之举，而且，选择—平等主义者确实以这种方式限制了他们的提议范围。然而，这并不会成为面对基线悖论的一种方式。这种悖论不会威胁到选择—平等主义结构上的某些边缘特征，也不会威胁到仅仅在社会政策充分实施的极端情况中出现的某些特征。相反，基线悖论是从选择—平等主义的基本道德结构中产生的，它表达着任何以它为基础的社会秩序，它带来的威胁是根本性的。

注释

[1] 塔尔·马诺尔（Tal Manor）接受了我反对选择—平等主义的归谬证明。（Manor 2005）然而，他认为，当普通的男人或女人和基线之间的差距变得足够大的时候，几乎每一个人都变成了一个相对的或部分的无效人。几乎把所有人都引向了比尔·盖茨，意味着只有大幅度降低盖茨的

收入，才能由此产生一种强烈的平等主义的成果。我认为，即使在今天，更不用说在一个理想的选择—平等主义的社会，西方社会中的大多数人都不是无效人，也不需要被引向比尔·盖茨，因为他们无须斗争就有很大的 *76* 选择权。因此，将无效人引向盖茨的荒谬之处仍然存在，而那些引向非无效人的典型案例是需要的，它们增加了而不是减少了荒谬。

第八章　道德与道德价值悖论

道德生活是一场战争，最高的服务是一种宇宙的爱国主义。

——威廉·詹姆斯（William James），

《话题的界限》（"Circumscription of the Topic"）

77　　假如社会环境都是设定好的，以至于大多数人能够轻松地具有良好的道德品质，这会是一件好事吗？这不是一个无足轻重的问题。如今，某些西方民主社会似乎正在接近于一种无道德负担的境况。对于这种境况，我们也不是全然表示肯定。正如前文所说的"幸运的不幸"，坏事并不总是简单地坏。由于探讨这一问题有助于我们理解道德与道德价值之间的悖论性关系，所以对这个问题我们有很多理论的兴趣。

　　狭义上，我把"道德"诠释为一种约束和义务的系统，这个系统是将一个人的行为指向他人的。在这里，我将不考虑对自己的责任。最近，很多涉及伦理和政治问题的哲学讨论，试图对道德的要求进行限制，在这个意义上，应该是针对个人的。我提出了一个非常不同的问题，在无须更多道德需求的地方，我们对事态应该采取什么样的态度。

两种道德观

78　　在道德的普遍观点中，最令人好奇的是它们的深层矛盾：许多人将道德作为一种值得赞美的道德行为的基础而珍视道德，与此同时，也有许多人藐视道德。

　　持赞美观点的人认为，道德行为是人类文明的最高成就，是人类优于其他物种的标志，是衡量一个人（与他人相比之下）的个人价值的标准，等等。当人们的行为举止符合道德时，特别是当人们为了道德而遵循道德准则，甚至牺牲了自己的利益时，他们被认为是最值得钦佩的。就像其他许多涉及道德的问题一样，这个观点在康德那里得到了最强烈的表达（Kant 1986：60），但是，这种态度并不局限于他，甚至也不局限于康德的思想。功利主义者也广泛地认同以下观点：真正的道德行动赋予了人们极大的价值，特别是在苛刻的情形下他们的行为仍然符合道德。（例如，Kagan 1989：ch. 10）

重要的是要注意到，解释道德行为所体现的价值涉及解释主观因素（如主体如何看待她的处境），所以我们必须为我们认为具有道德价值的东西设立一些客观标准。如果任何微不足道的道德遵从都被赋予很高的道德价值，那么我所提出的问题就毫无意义。当我们将崇高的道德价值作为一种成就来谈论时，我们是指这样的事情，比如，即便有正当的自利理由不去遵循道德，但却为了做道德上的善事而磨炼自己。

在几种赞美的观点中，对哪一种赋予最高的道德价值是有分歧的。有些人把没有人情味的超然客观的"理想观察者"作为标准，其他人则崇尚深厚的感情融入。有些人把脱离自己的利益看作真正道德的标志，其他人则主张通过关心他人而发展自我。有些人关注的是真正的道德思考的合理性，而另一些人则把道德视为适当的情感的问题。然而，所有这些不同立场的共同点是：当人们的行为举止符合道德时，他们是最令人敬佩的；在困难的情况下，仅仅当人们是出于道德的考虑而行动时，某种形式的价值才会产生。我所说的道德行为，仅仅指因为道德层面值得赞赏而被履行的道德行动。 *79*

这种赞美道德行为的观点被证明具有令人吃惊的灵活性。我们清楚地意识到，大量的道德行为反映着以自我为中心的计算、简单的一致性，甚至是心理病理学。但无论如何，很多道德行为抵制了愤世嫉俗的风蚀。许多人都经历过这样的遭遇，他们没有不当地利用他人的弱点，不是因为他们害怕，而是因为这样做是错误的。有些人为了维护道德原则，为了他人的利益，牺牲了或冒了很多风险。这些人可能理所当然地将这些事例看作自豪和价值的源泉。对参与者和观察者来说，案例越极端越明显。面对被德国占领的欧洲的人们的行动，人们不能无动于衷，他们在弥漫着冷漠、恐惧甚至同情纳粹的气氛中，冒着生命危险去拯救完全陌生的人，并没有想到回报。或者想想那些勇敢的意大利人，特别是在这个国家的南部，他们一直在与黑手党的广泛影响做斗争，显然，他们的生活是处在危险中的。

相反，贬低道德的人把道德看作一种负担，认为道德充其量是一种阻碍追求更有趣和更重要的事情的社会必需品。如果道德不需要牺牲，如果一个人的计划不会经常被外在道德需求打断，如果今天的社会能够用有限的资源满足苛刻的道德需求，那将是多么美好啊！这里，我们也可以找到不同的观点，比如说，有些走自由主义路线的人强调，人们有少受他人干扰的权利。有些人则强调多样化生活经历的价值和自我发展（约翰·斯图亚特·穆勒意义上的自由）的重要性。然而，其他人（例如，尼采和伯纳德·威廉姆斯）则把我们这里所理解的约束性道德视为固有的压抑、贬低以及剥削。但在所有的分歧中，核心的观点都是，当道德被推行得最少的时候，道德是最好的。

无论我们支持赞美道德的观点还是支持贬低道德的观点，都具有深远影响。如果我们把道德看作人性的王冠而不是看作在本质上令人讨厌的东西，那么我们将发现很多不同的问题。当我们思考有序社会的理想（这样我们的生活就很少涉及苛刻的道德行为）时，这两种观点之间的重大区别将显现出来。这里的问题并不在于这样一种难以置信的观点，即在有限的人际关系中，道德可以轻易地消亡［史蒂芬·卢克斯（Steven Lukes）很有说服力地否定了这种可能性（Lukes 1985）］，而在于道德可能会变成这样，大多数人会像他们目前一样，不会发现它的约束是费力的。

两种可能的道德世界

让我们勾画两种可能的道德世界。第一种可能的道德世界是：精心安排的最小道德世界。

假设社会安排和社会化进程应该如此进行：道德施加在我们行为之上的责任是有限的。人际交往的某些基本需求将被保留，比如，说真话。但是，如果一个普通守法者只关心道德的最低限度，那么他或她就可能被认为是非常有尊严的。在创造和维护这个世界上，不存在特别的操纵或者其他困扰道德的努力。我们只是简单地考虑普通的情形，通过不断的尝试使事情变得更好，例如，要改善生活条件，否则，将造成痛苦和犯罪，从而需要道德干预。在某种程度上，道德需求依赖于外在的社会环境，事情被如此这般安排好之后，听话守规矩就变得相当容易。

这将是一种收获还是一种损失？依据道德贬低者的观点，这完全是一件好事。毕竟，道德限制自由和对幸福的追求，有时也威胁生命。如果我们每个人获得收获都既不太过地施压他人，也不被他人太过地施压，那么我们还能提出什么要求？这种观点将道德行为视作达到某些目的的机制，比如，促进所有个体的偏好。如果这种道德以外的目标在道德需求上能以有限的代价实现，那么就只有道德拜物教才能在这里吹毛求疵了。更为糟糕的是，道德行为之外的需要所表明的不仅是目的和手段之间的混乱，甚至是通过道德寻求愧疚、屈从和自我禁欲的病态倾向。人们对道德的尊重和对道德成就的欣赏有合理的实用理由，但这些关注不应分散我们的注意力。理性地看，道德是有用的，但同时又是施加约束的阻碍性手段，应该照此对待它。

对那些赞美道德的人来说，这些发展（似乎完全符合贬低者的观点）将使问题变得更加模糊。如果人们仅仅为了纯粹的道德考虑而牺牲一点点就能真正地过自己的生活，那就会涉及损失。因为，如果人们达到道德行动价值的最高点，那么没有道德关怀和牺牲的生活就将变得相对肤浅和狭隘，至少在某些方面是这样。把事情安排得让人们很少认真地关注道德，可以被看作对人类实现真正的崇高品质的威胁。

有人认为，在西方过分强调道德，已经损害了很多人的生命质量和发展。因此，从美德伦理的指导方针中，从一些常见的道德规范中解脱出来，可以获得巨大的好处。（比如，Williams 1985：ch.10）诚然，如果一个人持极端贬低的观点，那么他可能看不到道德或道德行为的任何优点。但是，如果我们不考虑这些极端的观点，因为它们没有考虑到我们早些时候提到的直观吸引力之潜在的巨大价值，那么更多的对道德较为温和的批评就会离开我们的问题。即使有人认为公共道德是制约的或有害的，我仍然认为，只有道德行为才能提供特定的价值。关于公共道德或者它的整体利益的主张不需要在这里辩护。我只相信有说服力的观点，即从真实的道德行为中产生的价值，甚至是一种美。这种价值与一种特殊的存在方式有关，它依赖于我们所熟悉的道德体系，因此它不能通过赋予生命不同性质的附加内容来实现。

第二种可能的道德世界是：未被安排的无必要道德需求的世界。

假设普通的道德保持不变，但是另外创建要求极端道德努力的情况也是合理的。只需要创造更多的困苦、不幸和不公正，而所有这些都是很容易安排的。这些不必要的苦难和罪恶将为道德行为的矫正提供充足的机会。

健全的道德将会发现，任何创造这样一个世界的努力都是不可接受的，甚至是荒谬的。一个其"生命计划"是消灭某种形式的邪恶的人不应该增加这种邪恶，即使其周围的邪恶越来越少，即使他的计划受到威胁。

我们认为，我们应该肯定许多道德行为的内在价值，同时批评那些呼吁不合理的牺牲的意识形态立场或宗教立场，那样的牺牲在现实世界中是没有独立的道德需求的。诸如此类的观点受累于以下三点误解：

第一点是规范性的。在没有合理地证明这样做的道德需求的前提下，将这样的立场强加给人是不必要的，滥用了人类的善意，扰乱了他们的生活。这种批评符合贬低道德之观点的基本直觉。它断言，在缺乏严格的必然性的情况下，压抑的道德需求必须被排除。

83　　第二点是经验性的。这种立场自然会增加（或者至少是阻止了减少）呼吁道德牺牲所造成的罪恶。与广义的道德工具主义观点不同，这种立场将支撑着邪恶持续存在。因此，它们的支持者往往不会真诚地与它们抗争。

第三点是概念性的。这种立场威胁到实现道德价值的纯洁性，因为它们并不只是注重道德活动的对象，即减轻人类的痛苦和消除严重错误。相反，它们以自我导向（或其他动机）而不是道德导向的关注玷污了道德价值。对个人需要的满足不必从反对执行道德命令中获得。道德欢迎乐于行善的人。但是，道德行为的价值要求，道德主体必须同时关注自身之外的任务并关注真正的道德需求，这些都是道德行动的任务，从中人们可以获得道德价值。

问题的现实性

　　精心安排的最小道德世界，可能被看作一个几乎不需要我们参与的思想实验，但事实并非如此。对长期的社会发展进行概括是危险的，但有人将民主化和现代化的主要推动力理解为逐步限制对个人道德所提出的要求。事情不是不可逆转的：在某些西方国家新发生的不可治愈的流行病或法西斯政党的崛起是不能被排除在外的。恐怖主义和战争的威胁可能改变这种情况。但这种趋势还是很明显的。这是许多先进社会正在力图达到的目标，而且似乎其中的一些正在接近这样的条件。民主问责政府的建立，在法治范围内捍卫人权，福利国家取代多代人的家庭，医药和农作物发展 *84* 的进步，广泛取消征兵，普遍减少绝对贫困、迫害和不公正——这些都降低了压抑的道德需求在我们（作为个人）生活中的作用，大大消除了对道德英雄主义的需要。很明显，做坏事的可能性仍然存在，比如，仍有人猥亵儿童。但是，在丹麦或新西兰这样的社会中，无论在个人生存的偶发性事件方面，还是在需要面对社会邪恶方面，人们通常都可以摆脱道德的不当负担。在丹麦或新西兰这样的社会中，人们通常不会因为个人生存的偶然性和面对社会罪恶的需要而承受不适当的道德负担。

　　这一趋势最主要的例外是第三世界的困境。在这个问题上，诸如极端功利主义之类的立场甚至对西方人来说都是极其苛刻的。然而，这种极端的立场源于西方对第三世界的几乎无限的义务感，包括认为，西方国家不贫穷的人必须承担其他不贫穷的人应该承担但却没有承担的义务。

　　这两种观点都会被争论。但是，即使有强烈的义务来消除第三世界的贫困，实际上这些义务也可以在不让西方国家的人负担过重的情况下得到满足。西方国家有限的税收增长就足够了，从而消除了任何个体做出伟大牺牲的需要。一旦把第三世界的问题放在一边，我提出的这个主题的实际意义就能得到承认。[辛格（Singer）的演讲是对第三世界责任观的经典表述（Singer 1972），L. 乔纳森·科恩（L. Jonathan Cohen）讨论了一个人应该做什么和其他人不作为之间的联系。（L. Jonathan Cohen 1981）近期许多讨论都是遵循这两条道路而展开的。]

68

85 比较苏联或阿根廷的持不同政见者所面临的截然不同的选择，这些选择是和平时期民主西方国家的积极分子所面对的。在民主的西方，人们对当地的贫穷、第三世界的饥饿或环境的关注，无疑地体现了他们崇高的道德行为。但是，在道德挑战的存在、分量和不可避免性方面没有可比性。大体上说，主要的伦理困境，比如，是否通过冒着生命危险，以及损害自己和家人的生计来抗议赤裸裸的邪恶，仅在不自由的社会中才存在。在民主的西方，友谊之船从共同的信仰和与邪恶和危险的对抗中走来，几乎没有任何东西可以与它相媲美。依靠挑战和危险取得道德成就，这种机会只存在于秩序良好的社会边缘。通常情况下，比如，在打击有组织的犯罪的斗争中，这是一个社会秩序较差的边缘。生活在一个秩序井然的社会，就产生重大道德价值的挑战的日常现实性而言，诸如我们正在考虑的，是"坏的道德运气"。

这不仅是在困难的条件下，在普通的职责范围之外还有更多的行动空间。整个道德领域陷入变动中，挑战着人们对其责任与责任之外的事情的随意区分。例如，如果不出卖朋友，那么就会受到秘密警察的拘捕以及酷刑，这时考虑是否要出卖朋友就会成为生活中"自然"的一部分。因此，是维持原样还是成为道德的，这种挑战是尖锐的。然而，我的观点并不取决于这种极端情况。简单地说，当恐惧和痛苦受到限制的时候，就像在西方民主社会越来越多的情况一样，道德氛围可能会更温和。道德环境对崇高原则、承诺和勇气的要求更少。人们会很容易道德化。至少对中等富裕和道德低下的人来说，生活往往会变得容易，从而影响到人格发展和成熟的更普遍的方面。

我们可以预见，一个产生特殊美德的世界有可能是一个相应的恶习会更加频繁地出现的世界。能让我变得特别无私的情境，也能使我变得特别自私；在其中，我既可能展现出巨大的勇气，也可能表现为懦夫。但是，既然我们在这里只对潜在的积极道德价值感兴趣，并且在"道德上过于容易"的情境下可能会失去它的价值，那么我将不会停止考虑这个问题。

需要、道德需求和道德价值：基本逻辑

86 无论厌烦道德需求强加于人进而贬低道德需求的观点，还是褒扬道德价值进而赞扬道德需求的观点，它们都有直观的吸引力。一种观点认为，对道德行为的需要是一种不幸的干扰；另一种观点认为，这是一种重要的机会。但是，如果我们能够从它们部分有效的见解中吸取其合理成分，那么我们就可能发现这两种对立的道德观在某种程度上的正确性。在关于道德的最为似真的观点中，它们是悖论性地交织在一起的。道德行为是最值得人们尊敬的领域，在那里人类的价值可以得到独特的体现，但我们仍然可以将社会道德从本质上理解为工具性的，从而限制它的领域。

　　道德行为的价值取决于一种对道德的需求，但这种需求不能一直提供这样的价值。那是事情的另外一面。对道德行为的需求是外在的：当我们遇到真实的苦难和严重错误（道德不只是这两个方面，但它们能够代表哪些对我们是重要的事情）时，对道德行为的需求才会出现。反过来，这些情况又促使我们尽可能地消除它们：它们敦促我们消除导致苦难和错误的情形。然而，这样做会减少实现道德价值的机会。如果通过提出道德要求，这种要求能够得到真正的满足，那么道德就应该做出这样的要求。但是，这种要求是起点。依据我所提出的道德观，道德制度的内在逻辑广义上是工具性的；然而，这意味着：正是旨在通过迫使人们应对一种苛刻的道德要求来最大限度地减少这些情况，使得这些情况能够实现价值。

　　我们的讨论可能会唤起传统神正论的努力，其呼吁有益的上帝必须允许邪恶的存在，以此锻炼人们诸如宽容、同情和慈善的美德，以及有意义的自由意志的品质。但是，这里的关键点是，道德的逻辑似乎是要求人们 *87* 以解决道德问题为目标，从而尽可能地减少后继牺牲的必要。

　　这种观点绝不意味着道德是不重要的或不体面的，或者行为举止符合道德的人们是不受尊重的。考虑到对道德行为的需求，那么能够满足这些需求的人理所当然地受到尊重。事实上，正是那些人满足了实际的、外在的道德需求这个事实给他们的行动赋予了道德内容。但是，这种观点可以与道德本身是有目的性的认识同时存在，并且应该努力限制对道德行为的需求。

　　有人可能会认为，对道德教育和发展的需求破坏了我的观点，难道不是因为道德要求我们，为了培养年轻人的道德能力和倾向而向他们提出挑战的吗？这是威廉·詹姆斯在试图说服我们寻求"战争的道德等价物"时所考虑的一部分（James 1982），这样可以保留通常在战争中出现的有

70

价值的美德，不需要无谓的流血。道德允许我们培养人们的价值观：考虑到需要道德主体，允许我们试着去"生产"他们（主要是他们年轻时和在其他限制条件下）。但是，道德关注的是使道德行为成为必要的外在需求。我们不能将鼓励人们在特定条件下成为有道德之人的可能性，与为了道德而创造道德价值的意图相混淆。道德不允许我们仅仅为了显示道德困难能够被克服，而创造不必要的道德困难。

简单地考虑一下另一个例子。近来合成肉制品的发展可能会使因烹饪需要而杀死动物变得多余。这将消除一些素食主义者通过放弃吃肉而获得的道德价值。人们仍然可以不吃肉，但不能通过这种方式满足真正的道德需求（比如，吃肉不再与动物的杀戮联系在一起），所以不吃肉不会因此而获得任何道德价值。但是，为了保护素食主义者的潜在美德，我们当然不会禁用这些合成肉制品的新工序。

88　　　回顾一下精心安排的最小道德世界。如果大多数人因为道德环境的改善而能够很容易地成为"世俗圣人"，那么人们就不能合理地抵制这种变化，因为环境变得太"轻松"、太没有道德挑战性了。

我们同意那些坚持限制社会需求者的观点，他们认为通过实际的外在需求，道德能够对那些必要的人产生影响。我们也同意，应当努力减少社会要求施加在我们身上的强制，即寻找使苛刻的道德需求变得没有必要的安排。这两个条件都没有要求我们否认道德行为的巨大价值。事实上，只要外在道德需求存在，并且因为它们的存在而得到了满足，那么实现道德价值的纯洁性就会增强。这个立场结合了赞美道德和贬低道德两种观点的长处。

但是，即使我们认为这是有说服力的，我们也绝不能忽视外在需求、道德需求和道德价值之间相互依存关系的陌生感。外在需求使道德成为必要，道德需求由此产生，如果得到满足，就会赋予道德价值。道德价值取决于努力消除道德义务的条件。真正道德的目的是消除某些条件（苦难和严重错误）。然而，只有在这些条件存在的情况下，它们才会唤起道德行为，这种道德行为才会赋予道德价值。悖论的是，道德是道德价值的"敌人"。有价值的道德行为，就像那些神话中吃掉自己尾巴的动物一样，结束了它们自身存在的条件。

对我们有所要求的道德需求，其本身是可有可无的，创造了伟大的内在价值和道德行为的价值。真正的道德行为或许能够产生伟大而且独特的价值，但对道德的要求应该尽可能地受到限制。因此，必须将它看作一种不幸的不完美的产物。这座不完美的大山为开采道德行为的黄金创造了机会。但是，道德行为不是一种自我证明的价值，不能因为自己的缘故而存 *89*在。这种情况是其价值的内在根源。令人钦佩的道德行为是寄生在独立存在的道德需求之上的，在社会层面道德应该尝试消除这种需求。有人会说，如果那些唤起令人钦佩之道德行为的邪恶不存在，那么人们就必须创造它们，因为只有道德行为才能赋予关涉我们的那种巨大价值。但是，道德的倡导者永远不会接受这种观点。

第九章　道德抱怨悖论

唯有背负着罪名的罪犯被侵犯时，他是不能抱怨的，并且按照刑法所给他的惩罚亦是他曾对他人犯下的罪恶。如果这不是就法律中的律令而言的，那么至少是就法律中的精神而言的。

——伊曼努尔·康德（Immanel Kant），

《道德的形而上学》（*Metaphysics of Morals*）

人们在何时抱怨是道德的？我想指出某一类道德抱怨的困惑。我们将要讨论的问题，与"以牙还牙"的同态复仇之惩罚方式一样古老，一样为人们所熟悉，但将重点聚焦于相对被疏忽的抱怨概念上会更有帮助。这使得制定一条（义务论的）"绝对约束"的标准线更加困难，这条标准线禁止人们采取某些行动，无论他们曾经做过什么，由此产生了两难境地和悖论。

在坚持道德是普遍规范的语境中，思考道德抱怨这个话题是有益的。让我们假设：

L　道德和道德行为的一般"立法"性质

在相似的境遇中，道德原则可以平等地适用于每个人。这对于道德行
动同样有效：当某人要履行重要的道德行动时，在某种意义上，他也要立法，那就是要按照他的道德原则，在相似的情况下，对有关相似的人采取相似的行动。

因此，当提出某些道德原则，或者提议以道德的方式去影响他人时，我们就应该反问自己：如果他人在相似的情况下以这种方式来对待我们，那么我们将会做何感想，或者我们将会怎样评判自身所处的状况。根据L，我们行为处事应该更为谨慎，因为我们的行为会成为道德先例，并且

会反作用于我们自身。

考虑以下案例：

1. 那些喜欢恶意八卦而且经常传播流言蜚语的人，却总是抱怨那些说自己闲话的人侵犯了他们的隐私，散布了不实之事。

2. 暴力犯罪者和同情他们的人经常抱怨警方暴力、法庭的不公正以及监狱的非人性化条件。

3. 恐怖分子及他们的辩护人总是抱怨上诉无门和拘留时受到的不公平待遇，当他们关注的无辜者被害时，他们同样抱怨。

当我们思考这些案例中的道德抱怨时，问题就产生了。在这些案例的基础上，两个截然不同的道德抱怨概念似乎都适用。每一个概念都蕴含着相反的含义，而且，从直观上看，两者都是令人信服的。两者似乎都是对 L 的阐释。即使有对 L 的怀疑，以下概念所具有直觉感召力也是强烈的。

N　抱怨的非矛盾条件

从道德上说，当一个人以自己的方式随意地对待他人，而他人则以相似的方式对待他或她时，这个人是不能抱怨的。

U　某些道德标准的无条件性　　　　　　　　　　　　　　*92*

某些道德标准是无条件适用的。这些道德标准允许任何人以此来约束他人；如果其他人不按照这些标准行事，它们就允许抱怨。

我想更详细地检验 N 和 U，以显示它们与 L 的一脉相承，并解释它们所固有的强烈的直觉感召力。

N：抱怨的非矛盾条件

L 意味着，如果一个人随意地以某种方式对待他人，那么他就不能抱怨他人以相似的方式对待自己。一个人习惯性地散布他人的隐私，就隐含地确认了自己允许流言蜚语的道德立场，那么从某种意义上说，他当然就不能抱怨自己成为他人流言八卦的对象。一个人给他人施加痛苦，就隐含地宣称了自己的暴力和残忍的道德立场，那么他就不能抱怨他人以其隐认可的非常的道德方式对待他。恐怖分子故意把无辜的受害者作为中伤目标，而且还说这种做法是被允许的，那么，当他们自己被草率地对待时，或者当他们遭遇了算计或暴力时，他们就不能抱怨。他们既不能谈论无辜平民的生命的神圣性，也不能谈论不一致的痛苦。

在相似的情境下，一个人如何能够从道德上抱怨他自己坚持对他人所做的那种事情？显然，造谣者谴责流言，罪犯反对目无法纪和暴力，恐怖分子关心无辜者的生命，都是站在极其令人质疑的立场上的。为什么我们非得证明他们的抗议是有说服力的？当他们随意地、反复地以他们的行为来反驳他们的话语时，他们有什么理由表现出道德上的义愤填膺？

在这里我将真心的悔悟和忏悔归为一类，它们与意志薄弱不一样。如 93 果一个人在过去做了错事，但已经改过自新，而且现在对其过去的行为感到很恐惧，那么这个人就更容易获得抱怨的可能性。一个意志薄弱的人，如果他真的想而且努力不去做某些事，但却无法停止不做，那么他可能会对他所做的事有所抱怨，尽管他也对他人做了相似的事情。这些案例可能允许做坏事者抱怨，但这些例外情况不必与我们有关。

我的道德期望未得到满足，在某种程度上，我认为这是不公正的，并且我因此而感到愤怒，此时，道德抱怨就发生了。我认为，其他人共享（或者应该共享）的一般道德原则是道德抱怨的依据。当另一个人按照我们自己的实践原则行动，但却因此而伤害我们的时候，这将变成一个非同一般的问题。回想一下 L。我如何能够从道德上愤恨或抱怨他人对我所做的类似于我无所顾忌地对他们所做的事情（除非存在特殊的情况）？我如何能够从道德上愤恨或抱怨他人以我建立的道德规则冒犯我？根据 L 的解释，"不要对他人做你不希望他们对你做的事"，可能会变成"如果他人以你对待他们的方式对待你，你就不能抱怨"。你会谴责自己按照你所规定的那样生活。

问题的关键不只在于，当造谣者、罪犯和恐怖分子抱怨他们经常随意地对他人施以的那种伤害行为时，不对他们产生同情是很自然的。而且，他们对他人所提的道德要求，即他们所关心的他人对待他们的方式，已经失去了根基。由于他们对他人极其不尊重，所以，当他们遭到同样不被尊重的对待时，他们就失去了抱怨的依据。他们缺乏道德善意，他们的行为与他人的要求之间缺乏完整性和一致性，而这些是他们的道德期望值得我们关注的必要条件。他们在自己的抱怨中假设了自己明确不相信的道德原则。做坏事的人以一种妨碍自己道德抱怨的方式立法，在这种立法中，他们的抱怨失去了依据。

U：某些道德标准的无条件性

我们认为，存在适用于"无论何种情况"的道德标准，这些标准甚 94
至允许最不负责任的造谣者或最卑鄙的罪犯或恐怖分子用其来制约我们，如果我们不按此行事，这些标准就允许他们抱怨。实际情况是，那些做道德坏事的人不允许我们犯同样的错误，即使我们是对他们犯的错误。这来自 L 理论：如果 A 错误地伤害了 B，那么相关类似的 C 错误地伤害相关类似的 D（即使 D 和 A 是同一个人）就是不被允许的。既然道德是立法，行动是有价值的，那么错误地伤害 A 就是宽恕 A 对 B 的类似伤害。诚然，对造谣者、罪犯或者恐怖分子来说，某些被允许的（或是道德需要的）做法可能会因为他们的所作所为而发生改变；也就是说，他们应该受到谴责和惩罚。即使如此，还是存在我们不被允许对他们做的一些事情；如果我们做了，那么他们就可以抱怨。

我们贬损造谣者的言论必须受到某种限制。我们不能默许性犯罪者在监狱里被强奸，也不能容忍对暴力罪犯给予任意的、残酷的和非同寻常的惩罚。同理，政府以丧失无辜生命（即使是无意的）的代价来反恐，这是深刻的道德关切的源泉。我们贬损造谣者的言论不受限制，或者在与罪犯或恐怖分子的斗争中我们可以做任何事情，这些观点从道德上讲是不能被接受的。如果违反这些原则和约束，道德抱怨就是合理的。

此外，超越原则和约束之普遍性的更严重的事情正在发生，让受欺负的造谣者、罪犯和恐怖分子不能接受。设想，一个罪犯因持续的严重暴力行为而被投进监狱，之后他遭到狱警毫无道理的严厉毒打。也许，正如我们所见，因犯认为他能够进行道德抱怨，这一点是有疑虑的，但这不是我们现在所要关注的问题。尽管抱怨是有疑虑的，但是狱警不应该有那样的 95
行为。请注意，根据 L，他们这样行事，将会使不公正的严重暴力行为合法化。

由此，我们对抱怨（和关于 L 的两种解释）有两种矛盾的观点。这两种观点都具有认同的直观支持。规范性的普遍道德立法招致了关于抱怨的两种相互矛盾的但却令人信服的解释：作恶者遭到按照他们所立规矩的对待，他们是不能抱怨的；然而，如果按照普遍的道德标准，作恶者是能够抱怨的。请注意，我们不能通过拒绝 L 而轻易地解决这个问题。L 是一个直觉性很强的原则。此外，正如我们所见，即使我们包括了 L，U 和 N 就其本身而言也具有直觉感召力。矛盾仍然存在。我们该怎么做？

第一种选择是，尝试拒绝其中的一种解释。顽固的专制主义者会坚持这样一种强烈的人权观念，即它会自动战胜对任何作恶之抱怨的疑虑，这种疑虑会被不屑一顾。也许，作恶者由于抱怨而使自己陷入不幸的境地，或许当他抱怨的时候，我们可能会藐视他，但是他仍然可以这样做。当他做错事的时候，他是错的。但是，当他抱怨的时候，他是对的。或者，相比之下，通过提出抱怨的基本问题，人们可以否定造谣者、罪犯或者恐怖分子的任何公开意见，认为由于他们的行为他们已经丧失了抱怨的依据，无论他们是被如何对待的。如果我们遵循他们暗含的道德法规，依据其解释，这种道德法规便是他们可以抱怨的道德依据，那么他们就没有抱怨的基础了。正如约翰·罗尔斯所说："一个人抱怨的权利仅限于违反他自己承认的原则。"（Rawls 2000：190）但是，我认为，两种直觉——粗略地说你所做的事情对你所具有的抱怨权利是非常重要的，某些标准似乎允许普遍的抱怨——的直观性特点都应该得到尊重，我们应该反对这两种走出两难困境的简单方法。或许，仅有矛盾的一个方面的时候，有些例子似乎是可接受的，但在大多数道德领域，事情不会让我们的生活变得如此容易。

第二种选择是，承认一些造谣者、罪犯或恐怖分子可能提出不自相矛盾的、具有一致性的具体要求。这种选择的一个极端版本是，宣称某个人或某个群体是优秀的，因此，面对道德义务，不需要遵守其他人遵守的道德原则。例如，某人可能会杀死他的敌人，因为他们是劣等公民或者异教徒，但是他的敌人却不能杀死他。但是，我们对这样的说法并没有多少兴趣。更重要的是，一些造谣者、罪犯和恐怖分子可能会接受某些规则，但又宣称他们是这些规则的例外。也就是说，因为他们不寻常的或贫苦的童年，他们的流言蜚语或犯罪行为需要被宽恕。或者，有些特殊的、非常极端的情况为恐怖分子伤害无辜生命提供了正当性，然而将对无辜者造成的伤害看作反恐行动造成的一种后果是不具有这样的正当性的。与遵循一条被假设为对每一个人都适用的宽泛的普遍规则相比，从对公正的人（更别提受害者了）合理的角度来说，这种"特殊申辩"很难成立。被说服的机会通常是相似的，对那些抱怨自己配偶最近不忠的人来说，这是他或她自己长期不忠行为的结果，但他却说："这完全不同。"但是，在任何情况下，造谣者、罪犯和恐怖分子通常都不会以这种方式争论。被他人在背后议论，造谣者感到了来自他人的不公正的迫害；罪犯呼吁警方要克制自己、遵从法律；恐怖分子要求反恐力量遵从国际法，要尊重平民之道德无辜的神圣性，这一切都是原则的问题。显然，这种人是在普遍的道德原则和法律原则基础上用宽泛的、笼统的措辞提出这些抱怨的，而没有费力地进行自我开脱。

第三种选择以如下这种方式解释这种道德抱怨：这种道德抱怨不意味着抱怨者接受支撑道德抱怨的原则。毕竟，任何人都能公开反对那些不能坚持他或她自己的标准的人。但是，这种对道德散漫或虚伪的指责仍然无法使我们克服我们所讨论的那种道德抱怨的困难，解决困难必须有共同的道德基础。造谣者、罪犯和恐怖分子的抱怨假设他们有道德主张，而且这需要建立在他们认可的原则之上。困难恰好出现，因为他们自己明显不遵循那些原则。

第四种选择是"揭露"抱怨者：造谣者、罪犯、恐怖分子及其可能的支持者并不真的相信隐私、公正、公平、清白和生命的神圣性这些标准，而是将这些概念纯粹作为修辞方式去利用。毫无疑问，他们中的大部分人仍旧是这样。毕竟，造谣者、罪犯和恐怖分子显然关心的是，他们和他们所关心的那些人不要受到他们对待其他人的那种对待。然而，将所有诉诸如此原则的抱怨都归因于纯粹自私自利的玩世不恭，这似乎是不可信的。不管怎样，抱怨在道德上是否站得住脚这个问题仍然存在。

在某种程度上，上述四种选择中的每一种选择都试图模糊我们所描述的那些冲突性含义，但都失败了。一旦我们把这些选择放在一边，N 和 U（作为看待道德抱怨的令人信服却又截然不同的方式）之间的矛盾就仍然是我们要面对的。

我们需要：

    1. 结论性地看，我们对道德抱怨（N 和 U）的直观看法是极其矛盾的。这在理论上和实践上都令人不安。

还有另外一种选择：

    2. 从道德约束中解脱道德抱怨。

选择（2）将使我们能够整合 N 和 U 的一些见解，也就是说，如果作恶者遭受了他们的行为所支持的那种方式的对待，那么他们就不能对此进行抱怨。不过，尽管如此，在如何对待任何人方面仍然是有约束的。根据这种选择，即使在人们成为不道德行为的受害者时，人们抱怨的"权利"也可能被剥夺，但是在道德上对他人的所作所为的一般限制仍然有效。因此，在抱怨的问题上，我们将肯定 N，但要中和 U 观点支持者的主要观点，同时担心的是，如果一个人不能抱怨，那么他就不拥有道德保护。

然而，我们应该看到，两个有说服力的常识性假设因此而被放弃了：如果被冤枉的人能够抱怨，同时，如果对他人做了什么是不能抱怨的，那么大概这样的行为就可能发生在他人身上。

倾向于（2）将会摒弃"T"：

    T 抱怨的转换原则

如果以某种方式对待 E 在道德上是不被允许的，那么若有人以这种方式对待 E，E 就有理由抱怨。

因此，（2）也明显缺乏吸引力，因为摒弃 T 就意味着以某种方式对待 E 可能是不被允许的，但如果这样做了，他仍然不能抱怨！此外，某些人能够对某种不道德行为进行抱怨，与此同时，另一些人对相同的行为却不能抱怨。考虑 E 是恐怖分子的情况。他被逮捕，然后他和他的家人遭到在道义上显然是不合法的狠狠殴打。假定 E 的家人反对他的恐怖行为，那么，他们能够在道德上抱怨这个恐怖分子和他们所遭到的不道德行为，而 E 则不能抱怨。这超越了它的奇特性，L 背后的普遍的道德直觉将再次使我们紧张。

　　在诸如造谣者、罪犯和恐怖分子这样的案例中，关于抱怨的两种对立的观点似乎都是令人信服的。鉴于 N 和 U 之间的矛盾，我们可能被 T 的摒弃所吸引，并试图将约束从抱怨中分开。但 T 也是强有力的直觉原则，*99* 即使它并不总是适用的，但系统地摒弃它也是非常没有吸引力的。系统地摒弃 T，将意味着这似乎仅仅是改变悖论而不是消除它。

　　道德抱怨悖论似乎指向了我们反省道德直觉的内在困难。鉴于道德主体的立法性质，对合理的道德抱怨的似是而非的限制，似乎与道德约束的神圣性和它们所允许的抱怨形成了矛盾。在我们讨论的上述案例中，道德似乎既否认了道德抱怨的可能性，又坚持了道德抱怨的必要性。

第十章 宁愿不出生悖论

一个凡人，女人所生，时光短暂却充满苦难，像花儿一样生长、凋谢，像影儿一样消逝、不停留。

——《圣经·约伯记》14：1 (Job 14:1)

考虑一个段落，它出现在伯纳德·威廉姆斯的有趣之作《讨厌自己的存在》（"Resenting One's Own Existence"）之中，尤其是第一主题中的第二部分：

> 我无法否认，讨厌自己存在的人会宁愿自己没有出生；除非从人的生命没有价值的角度考虑，否则我无法解释这种偏好。当然，约伯宁愿自己未出生的愿望并不是不合逻辑的；同样，除了从实际生活中去理解之外，没有别的方法去理解它。从生活中去理解，肯定不会比认为生活是不值得过下去的想法更少。（Williams 1995：228）

父亲身患癌症，不久于世，这使我全神贯注地思考生命、衰老和死亡，此时我读到了这一段文字。有关的陈述对我思想的冲击并不明显。我的目标不是研究威廉姆斯的文章，而是要从这些简短的话语中向不同方向发散思考。相对于威廉姆斯的哲学思维，无论就内容而言还是就精神而言，我的欠缺都是明显的。我怀疑他是否被宁愿未出生的偏好同化了，用生命不值得存在下去的评价去理解宁愿不存在的偏好。虽然这个想法听起来是自相矛盾的，但理解宁愿不出生的想法是有思想的和心理的空间的，尽管同时又相信生命是值得存在下去的。我想揭示，这个观点的两个方面是能够分离存在的。这也能帮助我们对这些主题明显的假设有所"让步"。相比宁愿自己不出生的想法，还有什么思考生活的更好方式？

当谈及不存在时，我提到的是从未存在而不是死亡，除非另有详细说明。当谈及是否已经出生时，我将不再假定人们仅仅在出生时才开始存在。像威廉姆斯一样，我谈论的是主观偏好与评价，我在这里不是试图客观地评价生命本身是否"如此"，或者任何特定的生命是否值得存在下去。在这个意义上，所有的讨论都是"内在论"的，不考虑其他人的判断。同样，我把注意力集中在一个人自己的偏好上，并列举了她的亲戚可能对她存在或不存在的偏好。

清楚地思考一个人的不存在情况是困难的，因为人们往往（不连贯地）看到这种情况，就像一个人实际上徘徊在某个背景中，看着一个人不存在的情况。不存在与活着并具有偏好或评价的状态之间的一个明显差异是，首先某人并不存在。我相信，仔细考虑这一断言会很快引起人们对威廉姆斯立场的怀疑。不存在是一种不考虑自己的生命是或不是值得存在下去的状态，也不考虑任何其他事情。它的本质使它完全区别于一个人存在时的所有情况。这并不意味着要走向相反的极端，比如说，两种状态是不可比较的，或者像有些人所争论的那样，不存在状态是不可评价的。（例如，Heyd 1992：ch. 3）尽管这些问题被淡然的哲学氛围所笼罩，而且 *102* 看似是悖论性的，但我们仍能思考不存在。对一个人来说，思考他假若没有出生将会怎样，是很怪异的事情。而且，这种怪异还涉及某些"错误生命"的案例（在那些案例中，天生具有生活障碍或者疾病的人起诉父母或医生，为什么让他们带病出生），以及威廉姆斯（1973a）、帕菲特（1984：part 4）和海德（Heyd 1992：ch. 3）等人讨论的其他困扰。但是，我发现，对生命"不值得存在下去"的想法来说，并不存在相似的困难，犹如费因伯格（Feinberg 1992：pp. 16-17），我很自然地认为，与持续糟糕的生活相比，不存在是更可取的。威廉姆斯也赞同这一点。我在这里的观点是，存在与不存在有"质"的区别，正如我们将看到的那样，当问及生命中的价值何在时，宁愿不存在的偏好甚至胜过已有的积极回答。

如果一个人说，她的生活总是快乐的，是持续满意的，有深度的自我实现，而且还有狂喜的时期，但又说，即便如此，如果没有出生还是更好，那么我们就会发现很难理解她所陈述的含义（虽然按照远东的信仰体系，这是可能的，但在这里我们不必涉及他们的假设）。不太过度但仍然积极地评价一个人生命的价值，与说这个人宁愿不出生似乎并不矛盾。一个充满功利主义思维方式的人可能无法理解这个观点的含义。假如生命在总体上是积极的，怎么会推测出不存在更好？但这种方式或许恰恰显示了功利主义的局限性，很难成为威廉姆斯的思维方式（在某种意义上它可能误导人在过于功利主义的道德框架内思考问题）。我不难想象一种状态，在这种状态下，生活不是太糟糕，而是高于不值得活下去的底线，但是，有人认为，这并不是说在"生意"般的整个生命中不存在损失，甚至有更可取的情况。日常的生活实践是可容忍的，但并不是令人满意的。或者从更为广阔的视野看生活，它对人来说似乎毫无意义。有人可能并不觉得活着特别糟糕，同样也不认为来到世上特别幸运。这样，漠不关心或模棱两可的程度允许我讨论的这种情况存在：宁愿不存在的偏好并不与生命不值得存在下去的评价联系在一起。

截然不同类型的人也许都会处于这样一种状态。有人或许天生胆小，对生活感到不安，对自己所拥有的一切感到担心。生活虽然并不是没有价值，然而却充满了焦虑和负担。没有被抛入生活或许是一个有吸引力的想法。一个长期为生活所累、厌倦了人生的、消极的人也可能希望不再存在，希望从生命和生活的维持（或者终结）中抽离出来，但这样的人仍然不会主动遭难或自杀。相反，一个冷静的、坚韧的、以一种不掺杂感情成分的理性方式看待事物的人，是与前者不同的。生活对她而言并不难以忍受，但她看不到其中任何令人兴奋的东西，并且"不存在"思想的"清洁"或"完美"似乎更可取。我们可以添加更多的成分，以形成不同的个性。生活在"某些冷漠领域"，没有评价生命不值得存在下去，但偏爱不存在，这种心理类型进一步强化了我的观点。

生活混合的本质——它包含着善与恶的相互混合，也可能是人们偏爱不存在的理由。这样的心态很可能不涉及像对待前人那样的漠不关心的方式，它甚至可能是热情激昂的。在不存在中既没有善也没有恶。当一个人存在时，他的生命中可能有足够多或者足够好的善，由此他判断生命总体上是值得存在下去的，但这种人生中仍然可能包含着很多恶。还要注意的是，善胜过恶，可能来自其中很小的优势，也可能来自充满了善恶两者的生活。恶或许不会战胜善，但有时它是可怕的，而且它是没有被善消除的。

试想集中营里的大屠杀幸存者。在生命即将结束时反思自己的人生，反思战后成为家人的妻子与孩子，以及他一生的工作，他会感到自己的生命是有价值的。他或许也会暗含着对其他人的憎恨。但是，当他回忆起那可怕的战争年代，他身体与心灵的创伤，他已经逝去的妻子、孩子以及他所有其他的亲属和朋友时，他也许会偏好于没有出生，以幸免于苦难。 *104*

我们能够理解大屠杀幸存者为什么偏好没有出生，而怀疑者们也许会认为，这种偏好的来源事例并不能支持我的观点，比如，在所讨论的问题中，极端的痛苦引发了短视。但事实并非如此。或许幸存者为自己重建了美好生活，而且发现了生命的价值。他战后的家庭生活甚至可能与战前一样美好，而且持续得更久远。对他来说，代价巨大，这可能会使他在反思（甚至在整体观点）的基础上更愿意避免好与坏的极端选择。大屠杀之前（甚至在其之后），他的美好生活或许在不断提高之中，但对他来说，巨大的损失强化了他不愿再经历任何苦难的想法。

人们或许会认为，大屠杀受害者应该属于另外一种情况。一个人能够理性地倾向于从未存在，也可能喜欢继续存在。一个人历经过可怕的痛苦，并且在未来的生活中无法得到补偿，但是希望从现在开始让生活过得有价值，这是合理的。总体来讲，他的生活是不值得过的，即使他的未来是这样。这就解释了在他生命的这一时刻，他希望自己从未存在过是多么理性，尽管他理性地想要继续生活下去。但是，我希望辩护的那种主张更强有力一些，适用于在整体评价生命值得存在下去的情况下对不存在的偏好。我的主张是，快乐与幸福是一方面，痛苦是另一方面，而且两者并不能相互抵消。货币性的收入与支出可以累加，并且只有净总额产生作用。 *105*
这两方面与此不同。比如痛苦和幸福，或许有人可以振振有词地认为，尽管幸福比较多，但它却不能抵消痛苦。有人会说，某种生活作为整体是有价值的，在某种意义上，它的积极因素比消极因素多，但不存在仍然被人们所偏好。尽管总体上是积极的，但巨大的困难可能击破其中的平衡，由此推出一开始就不存在的想法可能是最好的选择。

在"幸运的不幸悖论"中，我们看到，如果一个人更倾向于总体的

"有利平衡"状况，即使以其中一部分的痛苦和苦难为代价，那么这种痛苦和苦难的状况就可能改变。但是，不论在"幸运的不幸悖论"中还是在这里，都可能有人拒绝承受这些代价。

在有很多美好经历的人生中，苦难的这种"残余"让我们想起了威廉姆斯思想的另一个主要特点：他拒绝接受那些过于轻易地在道德困境中排除道德残余可能性的观点。（比如，Williams 1973a）试图理解当前情境的一种方法是，在时间视域中解析：幸存者在 t 时段内对生活是一种感受，在 t′ 时段则又有不同的感受。但是，这样做又会歪曲这一情况。这两种情绪虽然同时存在，但却发挥着不同的作用。这就生成了这样的情况，即现实生活是值得过的，但不活下去也是有吸引力的。人们可能会认为，如果善大于恶，那么倾向于不拥有其中的任何一方甚至是两者都不拥有就是非理性的。但是，对我来讲，这个观点的合理性是不充足的。我们将在本章给出某些类比，那将有助于我们进一步认清这一点。即使大屠杀幸存者以后的生活会更加美好——事实的确如此，即使他所经历的人生有巨大的价值，他所遭受的极度可怕的苦难与巨大损失的缺席的诉求，也不能被当作不合理的而抹杀掉的。试着去想象，即使他或她的生活是美好的，但这样的恐怖在一定程度上可能使理性的人希望他或她从未出生。

106　　　　有人并不认为生命不值得存在，但却偏好不存在。我们理解这个事实存在的可能性的第三种（同时也是非常与众不同的）方式是，这个人非常厌恶他自己。有人会认为自己没存在的价值，没有必要存在，甚至会认为自己是卑劣的：最好没有出生。但尽管如此，当一个人已经存在的时候，现在或许还是不能说生命是不值得存在的。对一个人来说，并不存在压倒一切的理由要去自杀。对生活品质的体验并不可怕。但是，有人却对自己的存在感到厌恶，宁愿自己没有出生。

这种思想状态的背后或许存在外在的评价标准。例如，一个儿童性骚扰者，知道他的所作所为是不对的，而且依据他所赞成的标准，他承认自己的存在比不存在更糟，但即便如此，他仍认为自己的生命是有价值的。他无法尊重自己，宁愿自己没有出生，但是生命是值得存在的。对他来讲，生命是没有价值的，或者在另一种意义上说，人生比没有价值更糟糕；他认为他不应该活下去。一个人的生命对自己而言是好的，但其他人却因为他的存在而遭受痛苦，因此他（接受道德的观点）宁愿从来没有存在过，这并不是悖论。即使不接受这样的道德理由，我们也能理解这种奇怪的状态。一个人如此坦然地不喜欢自己，以至于宁愿自己从未存在过；或许，一个人对自己成为的这个人有类似审美般的厌恶。这种厌恶可能伴随了一种感觉：一个人厌恶自己所具有的那些核心特征是他自己，而且没有希望将自己变成自己更喜欢的人。但是，既然一个人坦然地面对人生，而且努力地生活，那么就不能说生命是不值得存在的。

　　这三种不同类型的可能动机可以支撑与生命不值得存在的评价不相合的宁愿不存在的偏好。它们中的每一个申辩情况都是不同的。比如，在"冷漠"型情形中，其解释主要是基于评价的弱点。因为生命只是仅仅值得存在下去，所以还有产生宁愿未出生之偏好的余地，这一偏好产生于焦虑、疲劳，或者对"完美主义"的苛求。相比之下，在"受苦"型情形中，对生命值得存在下去有坚定积极的评价，但是由于不存在就没有苦痛，所以不存在的思想有强大的反向吸引力。在第三种即"自我讨厌"型情形中，一个人以自己认同的标准，意识到自己的不存在更可取，这就使他对自己的存在（以及他存在的快乐）产生厌恶。

　　宁愿不存在的偏好与价值评价是明显不同的，它们各自都是明确的，意识到这一点是极其重要的。在我们分析的很多案例中，偏好都是清楚的。同样，人们无须评价他们的生命在某些方面是值得存在的，在另外一些方面是不值得存在的，这正是宁愿不存在的偏好与（表面）评价生命是值得存在的相互矛盾的来源。对不存在的偏好也是一种深思熟虑的做法。我们这里谈论的并不是稍纵即逝的、暂时性的偏好。即使某人在某个方面稍纵即逝地、非理性地宁愿某个事物不存在，即使他认为这个事物是有价值的，这个偏好也没有什么矛盾。最后，人们当然可以对生命不值得存在的评价进行界定，并将此作为对一个人是否更宁愿出生问题的一种简要回答，但这只会使问题模糊化，在我所思考的问题中，这样的回答缺乏内在动机。这就实现了我的论证：人们可以偏好从未出生，同时也能相信他的生命是值得存在的。

　　或许有人会反驳说，我疏忽了威廉姆斯立场背后的某些关键性问题。关于宁愿不存在的偏好，威廉姆斯说："除非在现实生活之内，否则无法理解它。"我不清楚，威廉姆斯为什么没有结合生命不值得存在的评价，令人信服地批驳宁愿不存在的偏好的可能性。显然，有这种偏好的人一定是从自己生命的内在产生这种偏好的，因为她必然存在于某些地方。在这个意义上，任何判断都必须"来自现实生命的内在"，是一种老生常谈。这不是威廉姆斯的全部意思。更重要的是，一个人的现实生命将会给他的反思提供内容，如果他不存在，那么他就不会在那里获得体验和成就。在"内在"的第二种意义上，一个人宁愿不存在的偏好由他的生活所知。但是，我认为，在这种意义上，我已经说明我们正在考虑的宁愿不存在的偏好如何能够存在于内部，如何能够在反思自己的实际生活时意识到偏好，意识到潜在的损失。

　　然而，存在第三种重要意义上的"内在"，正如威廉姆斯指出的那样。在这第三种意义上，如果一个人没有出生，事情将会怎么样，这种想法的内在化比从生活的"内在"说明生命不值得存在更困难。更困难的原因仅仅是，人们无法理解这种最后的情况。在这种意义上，若一个人活着，那么这个人就会"被困境包围着"。事实上，谈及一个人的现实生活，例如，一个人宁愿没有出生，或许是在宣称这种暗示，就是说，抚养他的孩子长大成人是没有足够价值的。然而，一个人如果没有出生，当然就不会体会到没有孩子的损失；他与他的孩子确实存在，使这种损失显得更强烈。即使在一个不那么激进的时间框架（或者存在框架）中，也能看到这一点，这涉及人们对没有孩子所充满的遗憾。一个人如果已经有了孩子，那么在感情意义上通常就不会那么轻易地想到不拥有他们，但是对所有可以拥有但没有拥有孩子的人来说，以这种方式哀悼孩子是极其愚蠢的。这也几乎没有一致性：如果一个人的条件是宽松的，那么他实际上不拥有但在某种意义上可能拥有的后代的数量就越多越好。如果威廉姆斯的意思是我们不能在这种意义上接受"外在"的观点——如果一个人没有出生，那么他就无法设想人生经历中的损失，这正如他无法感受实际生活中经历的损失体验一样——在我看来，这简直是虚假的。一个人可以认为，这个世界永远都是空的，而不仅仅是清空的（或者感到是空虚的）。实际上，这或许是宁愿不存在的偏好的吸引力之所在。我认为，没有理由相信，人们没有能力进行这种假设性的逻辑思考，而只具备具体的心理思

维能力。我们可以评价我们的生命是否值得存在下去，但与我们生命内在
的情感联系起来，我们可以得出这样的结论：生命是值得存在下去的。但
是，我们也可以对自己的存在采取一种更全面、更超然的观点，理解不存
在的意味进而偏好它。也允许采用反思的角度来看待我所讨论的情况。
［贝纳特（Benatar）也如此认为，参见 Benatar 2006。］

让我们考虑一些类比性案例。想一想自杀的情况：一位妇女可能断定
她的生命不值得存在下去，但又不想自杀。或许有人会说，如果她的判断
是认真的，那么抛开诸如对受扶养的家属的责任这类事务，在某种意义
上，她就"必须"自杀。我相信，这种观点的粗陋是容易被人们公认的。
她几乎不会介意她那不是很有价值的生命迅速而又无痛苦地结束（尽管
我在这里不急于判定，作为一个坚持生活的非理性人，她的生命应该更长
一点，即使她不认为自己的生命值得存在下去：不喜欢被剥夺"没有价
值"的生命可能是有道理的）。但是，一个人可能同时处于某种状态：
（1）认识到自己的生命不值得存在下去，（2）并不太介意生或死，以及
（3）不采取任何结束生命的行为。判定一个人的生命不值得存在下去与
自杀之间是有一段距离的。以此类推，判定一个人的生命有点价值与更喜
欢把活下去放在首位之间也是有一段距离的。人们对自己向往的美好生活
有比单纯的福祉的总体积极平衡更多的追求。

面对生命的终结（通常是老年的终结）时，很多人的普遍心态是，
感觉自己得到的已经足够多了，他们的生命如果已经结束也不算糟糕。我
认为，我们不能强制所有这样的人宣称，他们还没有发现有待他们去发现
的生命的意义或者快乐。不，或许他们会说，再多活些年并不算糟糕，那
样也好；虽然如此，但现在死去还是可能最好。人们的直接异议或许来自 *110*
更深远的思考：对负担的恐惧，对衰老的担忧，或者对生命临终时要遭受
的痛苦的畏惧。或者，不同的是，也许有的人有"完美主义"意识，虽
然他们之前有一段相当不错的时光，但以后不会再像以前那样好了，与之
前相比，人会感受到衰老；或者，人总体生活的"平均"质量将变糟。
（Hurka 1993：ch.6）虽然这些想法可能很重要，但我并不认为，为了使
讨论的观点得到认同，或许它相似的因素一定都要被展现出来。

有一种思考方式是，偏好在睡眠中不知不觉地死去。而与之相比较的

则是在逐渐衰老中度过更长久的人生，在此过程中，人们会知道在很长一段时间内即将发生什么。众所周知，人们对这件事的偏好是截然不同的：在一定范围内，我一般偏好知晓我的未来。但是，我发现，理解那些即使付出缩短生命的代价也要偏好相反选择的人并没有固有的困难。而且，我不认为，她一定会坚持这样的观点，即获得这种知识的代价在经验上大于在被告知后所能拥有的额外生命价值的总和。某人可能不会实际地做比较，但即使她做了比较，而且承认年复一年是值得活下去的，她对在不知不觉中死去的偏好也会更为强烈。如果我没有在不知不觉中死去，而是在逐渐衰老中活下去，人们可能会认为，我偶尔也会意识到，我被给予了更多的时间，并且认为自己生命中的这段时间是值得的。然而，我可能偏好在不知不觉中死去，而不要这段额外延长的时间。即使人们在这种"权衡"中失去了可能值得过活的几个月甚至几年，想要在不知不觉中死去也不是明显不合理的。当人们考虑到生命的最后部分时，与我们在解释偏好不存在时找到的理由相似的理由就会出现——生命的无意义、凸显的坏事和自我厌恶。

111　　我可能被指责在上两段中将两个截然不同的问题混为一谈了：未出生的不存在和早逝。这里是有明显不同的。当一个人宁愿早逝时，他通常会想到，一个人直到现在还过着有价值的生活，这是那些没有出生的人不能分享的东西。（参见 Kamm 1993：part 1）然而，对宁愿早逝的思考，有助于我们对偏好不存在的直觉进行梳理。至少这一讨论有益于我们怀疑相对"量化"的思考方式。即使当很多"值得过活的时间"失去时，宁愿早逝的"可接受性"也不能被否定（正如我们已经考虑的）。在我看来，在最初就不存在的"选择"如果有吸引力的话，那么就似乎与早逝的选择有相同的偏好，即在生命还值得存在下去时高贵地"放弃"一段生命的存在。从某种意义上说，"放弃"的绝对性质使"不出生"的想法更难（而不是更容易）与所谓生命不值得存在下去的评价之必要性相同化。在上面提到的第二种意义上，从生命"内在"评价的角度看，那些年老而宁愿没有延长寿命的人正是"放弃"了一些东西。

最后，重要的是，我们看到，即使有些人的生命值得存在下去，他们也宁愿自己没有出生。我们也可以转变我们的观点：即使有些人觉得没有

出生会更好，他们也能以不同的方式发现生命值得存在下去。我们的不同
评价，如同我们的评价与我们行动的适当性之间的关系，可以合理地区分
出超出普遍理解的东西。

　　相悖的是，宁愿不出生的偏好不一定是评价一个人的生命不值得存在
下去的结果，也不需要以这样的偏好来暗示这种评价。我们探究了一些能
够理解这些想法之差异性的方法。我们现在能够理解，没有发现生命诸多 *112*
价值的人，或者发现了生命的意义但却被生活苦难所困的人，或者虽然深
深地讨厌自己但却并不认为生命是"不值得存在下去"的人，仍然偏向
幸免于难，宁愿从一开始就没有进入生活。

第十一章 一个元悖论：悖论不好吗？

值得攻击的问题通过反击来证明它们的价值。

——皮特·海因（Piet Hein），
《丹麦诗集》（Grooks）

一个真正的悖论肯定是一种迹象，它表明事情进展得不好。矛盾和荒谬不是什么好消息。当我们面对一个道德悖论时，我们应该更不高兴（或者至少更不愉快），也许希望这个悖论消失，或者以某种方式被克服。此外，我们应该设法安排好道德生活，以免悖论的发生。

似是而非的是，情况并非如此。事情很复杂，至少在我们探究的道德悖论的范围内，我们可以看到，我们并不总是应该避免甚至缓和悖论。我们不能因为悖论的发生而总是感到不高兴。相反，在道德和个人意义上，悖论通常是事物运行良好的标志。悖论可能是乐观的标识。我认为，我们应该经常性地构造问题，让事情变得更具悖论性。

在不同的意义和方式上，悖论可能是好的或者不好的：它们所暗示的世界包括了我们的知识状态、理性状态、道德的通常地位、哲学，等等。我们将在结论性的章节中追问其中的问题。在此，我们将集中探讨更为有限的问题：道德悖论是使道德的状况与个人的生活变得更好还是更糟糕？据我所知，这类问题从未被追问。让我们先看一些案例：考虑一下"幸运的不幸"。我们记得，在"幸运的不幸"情况下，似乎是一场明显且巨大的不幸导致了幸运。如果传闻中"幸运的不幸"的受害者的生活是好的，比原先没有遭受不幸的生活还要好，那么最初的不幸是否真的是不幸就不清楚了。

除非有不幸的存在，否则幸运的不幸悖论将不存在，但有时不幸会降临到人们身上。悖论可以避免，但却要付出代价：如果不幸存在，但受害者却不能像阿比盖尔和亚伯拉罕那样克服悖论，那么不幸最终就只会导致失败、失望和苦难，这并不意味着是悖论。假设不幸存在，较好的情况是将不幸转化为幸运：对阿比盖尔和亚伯拉罕这样的人来说，这是胜利，并且使我们的世界变得更加美好。与悖论的事实在一起，我们很难看出有什么谬误。于是，让生活变成悖论是一种成就，生活也因此而有了意义。悖论的存在是不应该遗憾的，而是值得庆祝的。不幸被克服并变成好运的跳板时，这就是人类精神的胜利。悖论增添得越多，成功的人就越多。

有益退休悖论呈现了一种非常不同的情形。但在这里，悖论同样是可以避免的。在这种情形中避免悖论的一种方式是，人们不要选择重要的或者需要特殊技能的职业。到那时，他们就不会面临这样的两难境地，因为他们认识到他们如果离开自己的工作岗位，就很可能会有比他们更优秀的人代替他们。另外一种避免这种悖论的方式是，如果这一行业的人力资源逐渐枯竭，那么已经在这个行业中的人就可以逃避这种悖论——他们无须考虑岗位被他人替代的问题。但是，我们当然不希望人们在自己的职业中停止雄心壮志，停下追求的脚步，放弃追求卓越。他们做了什么，他们做得如何出色，在他们的职业中是非常重要的。我们不应该希望这些事情发生，即使这样做会使人们有面对悖论的风险，或者给那些已经在自己所选择的职业中工作的人们带来这种对抗。在这个世界上，如果每个人都渴望在麦当劳工作，那么就不存在悖论了，但同时却是一个（由汉堡充满的）噩梦。消除了有益退休悖论所涉及的那种道德风险和个人风险，得到的既不是美好的生活，也不是良好的社会。我们应该致力于让悖论在世界上安全地存在。

这并不会导致我们走向另一个极端：对个人来说，规划自己的职业生涯是很重要的，也许在规划执行时需要考虑到这种悖论（"也许"是因为无知带来的好处，正如我们在讨论这个悖论时所指出的那样）。但是，这种悖论的凸显也是一个好的迹象，这表明很多人渴望成为重要职位和追求的重要贡献者，而且个人的卓越也很重要。这种个人抱负的模式应该受到鼓励，尽管它增加了悖论发生的概率。从社会角度看也是如此，我们不应该希望有无限量的潜在年轻医生、警探和学者敲开他们职业的大门。但是，这种盈余对一个行业和它所服务的人来说是一件好事，尽管这会产生一个悖论。

两个关于正义与加重惩罚的悖论带来了其他问题，向我们展现了事情是更加复杂的。由于这种悖论源于对规范的坚持，即应受的惩罚和威慑两者都应该在量刑中发挥核心作用，所以我们可以只选择其中的一个以避免悖论。但这种避免是一种我们并不愿意付出的代价：论证的悖论性结论建立在它的前提之上，但我们不希望以抛弃真实前提的方式来避免这个结论。从这个意义上说，悖论的存在要比它的不存在好，这是真的。

116   当然，我们在这里需要运用判断力。一旦我们承认了"存在性悖论"范畴，即使在经过适当反思之后发现它是荒谬的，其中的真理性就不能被拒绝，一组前提导致荒谬的事实，并不需要自动地拒绝这些前提。引发荒谬并不意味着严格的矛盾。有时候荒谬具有决定性意义（这就是为什么基线悖论是一个成功的选择—平等主义的归谬法）。但是，在诸如惩罚案例中，要么放弃威慑，要么放弃应受的惩罚（在接受减轻惩罚的意义上），这种做法在标准的意义上是不可接受的。相反，我们必须生活在荒谬和悲剧中。就现行的司法制度而言，没有顾及相关的考虑（例如，它们不太关心减轻惩罚），那么，它们虽然没有那么多的悖论性，但却更不公正。

尼古拉斯·雷歇尔（Nicholas Rescher）认为，悖论是哲学的"过度承诺"的产物。（Rescher 2001）克服悖论的方式是减少那些生成悖论的承诺，不要认同那么多的信仰。我认为，这样的诊断并不能适用于所有的悖论问题。造成悖论的来源有很多（关于此，我们在后文将会谈到更多）。但是，至于两个关于正义与加重惩罚的悖论，"过度承诺"的问题是突出的，涉及我们对威慑和基于应受之惩罚的减刑的坚持。然而，即使在这里，雷歇尔呼吁的应该放弃的"过度承诺"也远未明朗。或许这是道德的本性。无论如何，威慑和减轻惩罚都不像是错误。相反，道德的现实性还不够。把我们最低限度可接受的道德承诺称为"过度承诺"，可能会引起误解。我们不应该放弃它们，即便那是需要吞下悖论性结论的后果。放弃它们，从惩罚的语境看，我们会错过由悖论和荒唐的力量带给我们的教训课程。

　　然而，两个关于正义与加重惩罚的悖论确实为我们提供了一个限制悖论性的好方法：如果我们能够减少犯罪，那么量刑中的悖论就不再常见。另外一个明显减少悖论性的好方法可能是，缩小"特权阶层"与"弱势 117 群体"之间的差距。一个坏的方法是抓住更少的罪犯。所有这些都表明，回避悖论的想法有很多需要说明的地方。实际上，就我所见，对于这个悖论没有什么好处。我们在发现相反的情况也经常发生时，只是强调了它的奇特性，即在某些情况下，悖论应该受到欢迎，甚至应该受到鼓励。

　　对于悖论潜在的好处，我们不需要想得太远。加重惩罚的话题给我们带来了免于惩罚悖论。从免于惩罚悖论的一个角度追问，我们如何能够拒绝威慑成功的诱惑，甚至是不需要付诸实际惩罚的。但是，因为诱惑而采取了过度惩罚威慑（甚至在理论上接受它，更不用说在实践中），也是包容和强化了悖论性。换句话说，它等于宣布某种道德上的悖论状态总体上是可取的，以至于我们希望有意识地引发它。

　　基线悖论仅涉及选择—平等主义，但选择—平等主义对它的影响却是破坏性的。在这里，这种悖论确实需要避免，我们可以通过不选择选择—平等主义的方式来避免。悖论迫使我们重新思考它们的前提条件。但是，在我们讨论的悖论中，这是非典型性的。正如我们已经认识到的那样，大部分悖论是不能通过这种方式获得解决的。

　　在道德与道德价值悖论中，对悖论进行划分是受欢迎的。苦难和严重错误的减少是道德的增益，理应得到喝彩和支持，诚然，这种增益威胁到了最高形式的道德价值的实现。但这种副产品不能改变我们对减少苦难和严重错误的基本的、积极的看法。

　　有趣的是，道德与道德价值悖论是如何彻底地影响道德进步的。很明显，惩罚悖论依赖于犯罪的存在，每个人都遵纪守法，没有惩罚性威慑，道德就会愉快地消失。如果人们变得越来越有道德，那么甚至连道德抱怨悖论也会显著减少。在道德与道德价值方面，事情是朝向相反方向的：道 118 德的改善可能在总体上消除对道德价值之高度的要求。在道德完美的世界里，没有必要追求很高的道德价值，在那里，对善的要求已变得荒谬。道德越是进步，悖论性就越大。善良与悖论在这里以最基本的方式携手并进。

即使正确的判断是清楚的，悖论性也会带来明显的歧义：我们在这里看到，就像我们对其他悖论所做的那样，获得的同时也失去了些许（同样，失去也涉及获得）。在消除苦难和严重错误的过程中，对有些重要的事情是需要感到愧疚的，这种事实本身就显示了悖论性。这种歧义常常表现在对道德之恶不感到愧疚。我们希望自己生活在人们不是通过他人的不幸而成功的世界。但这样的世界并不真实：只要存在竞争，不管是为了得到他人的爱还是做生意，抑或在这个世界上有机会学得更多或变得更美，就总会有人表现得不是那么好。如果不容许对坏事发生在他人身上不感到愧疚的话，那么这种以社会和情感生活的"牺牲"为特征的事情就是让人无法容忍的。我们希望我们的世界具有何种程度的竞争性，这是一个有趣的问题。但是，任何现实的模式都会为他人的不幸留下合理的不愧疚的空间（至少是以对某事感到愧疚的形式），悲伤的缺失取决于我们成功和愉快的把控能力。

当坏事发生在他人身上时，换句话说，当坏人（种族主义者、强奸犯等）受到的伤害超出他们应受的惩罚时，如果考虑到第二种情境，那么我们就不仅可能不感到愧疚，甚至可能感到高兴，这会使问题变得更清晰。的确，正如《圣经》告诫我们的那样，当敌人倒下时，可能会有很多快乐。但是，我们现在需要的是宽容，同样，就像对待竞争一样，容忍人的本性意味着我们需要容忍悖论。在此，我们可能不太愿意承认悖论的存在是一件好事，但我们也不需要把它看成一件坏事。

以上论述并没有表明，悖论性本身是好的，或者，通常我们也不会意识到它的存在价值。但是，正如我们所看到的那样，有时候悖论性也有好的一面，原因有很多：作为好事物的标志，作为好事物的副产品（有时是无害的），有时候应该是我们追求善的目的，最后，在某些情况下，甚至可能就是善的本质的一部分。我认为，我们不应该为悖论性而强化悖论性。诚然，这可能会给世界增添色彩和多样性。但是，我们不能忘记，我们在这里谈论的是道德。让道德生活变得更加荒谬，并不是一个可以接受的目标。周围已经有足够多的荒唐事了。

我们如果思考"悖论从何而来？"，或许就会更深切地理解为什么道德悖论不能被简单地解决，并且这不一定是坏事。在一些案例中，不寻常的情况使得常识性假设（如"不幸就是不幸的"；"如果一个人觉得他活着是值得的，那么他就会为来到人世而开心"）成为错误的，或者至少是有问题的，因此而生成悖论。有时是广为流传的情形起了作用，而不是那些超乎寻常的事情，比如以下事实：应该受到较轻惩罚的人就是仅仅通过更重的惩罚才能阻止他们犯罪的人。或许，悖论可能仅仅源于我们能够更加成功地安排事件这种想法（正如"一个司法制度不能以不公正的惩罚相威胁"这个常识性假设在免于惩罚悖论中是受到质疑的）。像不感到愧疚这样的悖论，其起源又是非常不同的，因为它基于我们所期望的道德人的情绪—规范限制。相比之下，对于有益退休悖论，许多人的期望要比之前我们认识到的高，在这种语境中，主要是由于诚信理念的运作方式令人惊讶。道德抱怨悖论既是源于核心道德概念的性质，也源于我们基本的道德直觉，由此而产生了两种对立的道德抱怨。在此，我就不探究所有悖论的根源了。

　　这里的情况是多样的。悖论可能源于难以处理的事实，无论是寻常的还是不寻常的。它们也可能源于新的思维方式，源于我们对道德情绪的合理限制，源于道德观念的作用方式，源于核心的道德直觉。"存在性悖论"这个概念有助于我们理解的事情之一是，道德悖论根深蒂固，可能无法被彻底克服。回避道德悖论的欲望可能使我们远离道德。此外，正如我们所见，有些道德悖论来自社会和道德进步的语境。在许多情况下，当我们对相关事实、区别、概念和直觉等有了更多认识之后，悖论似乎就随之出现了。随着我们理解力的增强，我们会对悖论性及其深刻而牢固的本质有所认识。

　　想一想生活在道德世界中将意味着什么，这是有趣的。在道德世界中，更多的甚至所有的东西或许都是悖论性的。这几乎不是什么值得期待的事情。但是，在我们的道德世界中的某些地方，一定量的悖论性却令人意外地被证明是好事。有时候，有悖论的"混乱"要比没有悖论的道德清晰更好。

　　简单、全面、系统的理想道德体系或世界观是具有哲学性吸引力的。每个人都应该希望道德的生活产生积极的意义。理想和希望都因道德悖论

120

的存在而遭受压力。这将在最后一章中探讨。我不希望鼓励人们为道德悖论的存在而自鸣得意，这不仅仅是因为对哲学理想视而不见、对人类的希望不闻不问是不值得钦佩的。正如我们在惩罚案例中看到的那样，减少悖论性往往是好事。然而，通常情况并非如此，这就产生了现在这个元悖论。道德悖论意味着事情是坏的，这是我们自然就会想到的，就如同撕破毯子将我们暴露在外一样。但这种隐喻也可以被反过来说：道德的毯子覆盖的也许更多，因为它是由悖论这种材料构成的。看来，我们不仅需要习惯大量道德悖论的存在，而且应该认识到，有时候这未必不是好事。实际上，我们应该对悖论的存在感到高兴，并且要试图增加悖论。

第十二章　道德悖论之反思

　　健康在于有能力跨越自我内部的悖论。创造在于在自我内部以及在自我与物质的、理性的外部之间进行悖论协商。

——斯图尔特·皮泽（Stuart A. Pizer），

《搭桥：精神分析视域中的悖论协商》

（*Building Bridges：The Negotiation of Paradox in Psychoanalysis*）

　　到达这本围绕道德悖论的书的结尾，人们或许会将其与完成指导人们 122
应对人身危险和逆境所需的"生存"技能课程进行对比。我们经历了意
想不到的转折，走在自以为知晓的险恶道路上，面对不熟悉的野兽、隐藏
的陷阱和危险的困境。新的问题带来了新的挑战，威胁着熟悉的假设、久
经考验的原则和常识的思维习惯。我们生来就不够好，因而需要不断地努
力前行。直到最后我们也不能感到踏实，噩梦可能仍在缠绕。为什么烦
恼？为了生存的质量，为了获得自我知识，为了对未来的事情做准备。

　　这些哲学悖论提出了我们要在道德和个人方面注意的问题。道德悖论
表明，研究道德哲学可能很有趣，但它们也带来了令人不安的问题。它们
能够让我们变得更聪明，而不只是苏格拉底意义上的自知自己无知。

　　有些悖论讨论的是熟悉的话题（诸如惩罚、平等、普遍性），但又赋 123
予了它们新的东西。另外一些悖论提出很少被提出的问题：什么时候发生
的坏事是一种不幸？人们应该在什么时候退休？认为自己的生命值得存在
下去，还是宁愿不出生？不道德的事件发生在他人身上，人们能够对之感
到高兴吗？更广泛而言，我们已经认识到悖论是可以"存在"的，其
"错误"不在于前提或者论证，而在于道德和个人的现实性，这恰好是悖

论性的。悖论本身并不是错误，它揭示了荒谬。我们的另一个发现是，道德悖论的存在是好事，悖论应该受到鼓励。在这个总结性的章节中，我首先简要地回顾个体性悖论之旅中的一些里程碑，然后开始更广泛地思考我们从这次旅行中可以学到什么。

我们记得，当两组信念各自有强有力的支持但却又相互矛盾时，悖论就产生了。我们既无法放弃两者之一，又不能两者都坚持。幸运的不幸这个案例引起的反应是：一旦我们清楚地理解了事情的真相，那就没有不幸，并且事情理所当然地还存在另外一面。免于惩罚悖论呈现了通过司法制度（在某一领域内）实现零犯罪和零惩罚的不可抗拒的诱惑，以及一些显然不可接受的提议。在道德抱怨悖论中，我们立刻就被这样一个观念所吸引：人们在某些情况下不能进行道德抱怨；同时又被另一个观念所吸引：他们完全有可能进行道德抱怨。这两个观点似乎源自同一个原则。有益退休悖论也以这种形式出现：当然 P，但又不可抵抗地有非 P。然而，最终，这种悖论现象也许并未丢失其作为真正悖论的地位而列属于真实的阵营，看似荒谬的不想退休的案例具有了可论证的占优性（我们回忆一下，在真实的悖论中，一个看似荒谬的结果被证明是真的）。同样真实的是宁愿不出生悖

124 论（人们虽然发现生命是值得存在下去的，但仍然持有宁愿不出生的观点）和不因道德之恶而愧疚悖论（最初非常令人难以置信的想法是，一个有道德的人，对于道德之恶的发生，不仅无须感到抱歉，甚至可以感到快乐）。

在两个关于正义与加重惩罚的悖论中，相关的信念和价值（威慑与基于应受惩罚的减轻惩罚）是相互对立的，但"错误"似乎是现实的。"那就是生活，"我们可能说，"生活就是悖论。"悖论似乎是存在的。至于勒索悖论，这是我们对为什么选择勒索问题进行道德谴责的回答（没有什么比这更好的了），那（或许）是我们发现的是最具悖论性的。因此，似乎存在一个解决令人迷惑的勒索悖论的方案，但这一方案是悖论性的。在这里，我们可以解释的事情涉及不可接受的悖谬，以至于我们不能停止，直到我们能够驾驭自己，或者任其存在，即我们必须接受它，并与之并存。我赞同后者的解释。再次强调，除非我们找到不同的解决方案，否则我们不得不屈服于悖论。在道德与道德价值的问题上，我们知道其悖论是存在的，并且没有解决方案，因为悖论性在事情是好的时候出现，并随着事情

的发展而成长。在道德上，我们无法使自己摆脱悖论性。善与荒谬变得不可分割。

基线悖论明确地显示出这些悖论的特征：以不同的方式呈现悖论性是可能的。我们可以将正在发生的事作为悖论的矛盾类型之实例（一方面，无效人应该获得"最高的"基线收入，并加入比尔·盖茨的行列，但另一方面，他们也不能被如此放置，以至于获得相对于有效人的如此巨大的优势；没有似乎能够同时满足这两个要求的解决方案）。我们也可以看到，困难在于这样的事实：将如此高的正面价格赋予选择的一种立场，可能会对选择产生戏剧性的不利影响。但是，如果我们将其视为选择—平等主义的一个缩影，那么这个悖论将得到最好的理解：即使我们被这样的想法所吸引，即通过没有错误或者自己选自己的方式，没有人会比他人更好，我们中的大部分人也将会震惊地发现这意味着什么。选择—平等主义产生了一个虚假的悖论。需要修正平等主义假设中的有些基本要素。悖论性可以通过替代方式被阐明这一事实再次告诉我们，试图将"悖论"概念限制在过分狭隘的定义内具有局限性。悖论是多样的、狂热的，能够抗拒压制的。

我们研究的大多数悖论都属于传统意义上的悖论。伦理学家不必觉得将"悖论"一词应用于他们所处理的问题是不合适的。例如，自相矛盾的道德抱怨悖论，并不比普遍存在于哲学其他领域的自相矛盾的悖论更不像悖论。幸运的不幸悖论或免于惩罚悖论，如同许多经典悖论一样，向我们呈现了反思与直觉的令人目眩（像"哇"的感觉一样）的逆转。在我提出的看似荒谬但得到充分支持的结论中，没有一个是缺乏真实性的悖论。道德悖论自然不同于其他悖论，但是，这种差异反映了规范推理和非规范性推理之间的常见差异，反映了相关概念的不同性质。

较早的非道德悖论的常见特征之一是自我否定。典型的例子是"说谎者悖论"，通过说"我在说谎"，说话者引发了这样的思考，即如果他确实说谎了，那么他说的是真的，他就没有说谎。这个特征以各种（因果的、逻辑的）方式被许多道德悖论广泛展现。在幸运的不幸悖论中，由于这是不幸，所以不幸将自身转化为幸运，那之后它还是不幸吗？在免于惩罚悖论中，极度严厉的威慑和不公正的惩罚损害了所有惩罚与正义的需要。在道德抱怨悖论中，不管是作恶者的抱怨还是受害者的抱怨，都破

125

坏了自身的立场。至于道德与非道德悖论之间的进一步比较，就超出我们的考察范围了。

道德悖论与怀疑主义之间的关联是什么？这并不是一个简单的问题。

126 很明显，在悖论所涉及（及产生）的主题里，很多事情与道德相比不够规范和明确，我们是以批判的精神和怀疑的态度对其进行研究的。在哲学领域，问题显得比答案更好，当这些问题涉及悖论时，我们不应该期望事情变得更容易。我们的结果鼓励我们不要急于得出结论，而应该怀疑我们的能力。在人们常常被浅显的判断和简化的意识形态所吸引的世界里，对悖论的认识应该成为一种有用的解毒剂。然而，本书的探究有助于限制道德怀疑主义，不仅是以不平衡的方式将其投入消除悖论的最小范围，而且有时悖论（譬如，勒索悖论或道德价值悖论）或其解决方式本身似乎提供了相当明确的道德结论。的确，有时候，是强有力的结论造成了悖论。在绘制"悖论之地"的角落取得进展实际上能给人以特别的满足感，并且可以建立我们的信心。因为，如果我们能够理解这里的问题，这必将对我们更为广阔的哲学伦理的希望产生积极的影响。即使我们以怀疑和不确定性告终，这也不是因为我们看到了普遍怀疑真理的理由，甚至是道德上的真理，而是因为相关考虑的复杂性等因素。通常说来，道德的问题不在于我们不知道什么，而在于我们似乎知道太多。

到了这个阶段，已经无须指出许多悖论的令人不安的性质。一些悖论是道德的、个人的，或者社会威胁性的，并衍生出这样的问题——如果人们没有意识到这些悖论，或许情况会更好（比如说，由于不同的原因而生成的有益退休悖论、免于惩罚悖论、不因道德之恶而愧疚悖论、道德抱怨悖论）。请注意，不管人们对悖论的看法如何，情况可能就是如此。其他悖论似乎更无辜。有些悖论已经有了解决方案（勒索悖论，或许有益

127 退休悖论，或许幸运的不幸悖论），然而，他人并不真的需要一个解决方案，悖论性就显然地存在于结果之中（例如，宁愿不出生悖论、道德与道德价值悖论）。或是似乎如此。道德抱怨悖论看似需要一个解决方案，但我不知道它可能是什么。我试探性地提出了妥协性的"解决"方案，将抱怨与约束相分离，这似乎与拒斥矛盾双方的任一方一样令人怀疑。我发现，免于惩罚悖论同样寻求进一步的研究。因此，就一些悖论而言，通

过一种我怀疑其可以改变很多的方式，大致明白了要知道的是什么，明白了悖论的存在是因为现实就是悖论，或者是因为我们所考虑的概念。等待我们去做的主要工作是探索这意味着什么。但是，我很可能是错的：人们对悖论应当总是怀疑的。对于其他悖论，我毫不怀疑还有更多的话可说，并且毫不怀疑我们思想的彻底转化就是它们发挥作用的结果。

悖论的存在使得格雷厄姆·普利斯特（Graham Priest）认为，矛盾可以是真实的，是能够理性地相信的。（Priest 2006）我不会遵循这种对逻辑自身进行修正的极端建议。然而，我们探讨的一些道德悖论可能表明，完全一致和连贯的道德观念是不可能的。从本质上说，道德可能需要被限制在一定范围内或被局限于特定区域中，道德理论不可避免地存在着不完整性与过度的延伸。在这一意义上，道德悖论应该引起人们对道德的性质、道德直觉的作用和理想的道德理论的怀疑。但是，现在谈论我们的悲观主义是否应当如此显然，或者应当以怎样的形式呈现，的确为时过早。

这里似乎有很多可能性。首先，我们可能想要在逻辑中接受矛盾，因此，即使道德悖论涉及严格的矛盾，这也不是什么大不了的事。正如我所说，我不希望遵循这种极端的逻辑修正主义的取向。其次，道德可能是特殊的，因为人们认为，道德中不存在真理（或者范式性的道德主张既不是真的，也不是假的；或者是类似于这样的问题）。我也不想对道德地位本身持这种（元伦理学的）怀疑主义的假设。那么，现在还可以做什么选择？一种选择基于知识（是认识论的），认为逻辑不能容忍严格的矛盾，道德需要符合逻辑要求，但那些明显的矛盾意味着我们根本没有充分理解悖论。错误在于我们自身。我相信有些悖论（也许是免于惩罚悖论）很可能就是这样的，但其他悖论不是这样的。至于其他悖论，我相信两件事可能会发生：第一，我们有严重的、"存在性的"道德谬论，然而，它们不会涉及逻辑矛盾。只要悖论不要求矛盾——本书已经表明，即便一个苛刻的悖论概念也没有这个要求，我们便可以拥有没有（逻辑的和元伦理学意义上的）矛盾惩罚的悖论。我们已经看到，有些悖论甚至可能有解决方案——我们选择矛盾的一方，但它们仍然显现出悖论性和荒谬性（比如说，有益退休悖论）。对其他不存在矛盾的悖论来说，悖论意味着道德现实是荒谬的（两个关于正义与加重惩罚的悖论，道德与道德价值悖论，就是这一类型中非常不同的案例）。在这种情况下，我们的心理期待（即道德现实和个人现实将不是荒谬的）与现实之间存在矛盾，但这不是一个逻辑问题。这包含了所有问题吗？我不能确定。有时候，我怀疑，我们可能不得不放弃有些悖论，并且声称，只要我们能够理解事物，道德的某些部分本身就可能是不完全一致的。但是，再说一次，现在讲这些还过早。

很明显，即便似乎存在悖论的解决方案，这也并不会产生很大的作用。重要的是（如果你同意我的初步结论），"这并不是不幸"是幸运的不幸悖论中最合理的观点，或者说，在有益退休悖论中，从道义和个人角度来说，退休可能是令人信服的决定。然而，认为任一悖论都会因此而消失是错误的。悖论比其解决方案重要。在某种程度上，悖论（理论上或实践上）的解决方案的性质可能增加了我们的悖论意识及对其的敬畏感。如果正是一个悖论的解决方案的性质引起了更多的、特殊的悖论性，那么这个悖论就会引起不协调。

生活在悖论中，过着一种寻求悖论的知识而不是努力逃避认识悖论的生活，这首先要有对不确定性的高度容忍。这也要求我们有意愿去接受，当我们确实知道我们要知道什么时，我们仍然可能发现悖论性的事情。无知与知识也许同样难以共处，而且可能不会有这么大的差别（因为知识是关于悖论的知识）。

道德悖论的主要贡献显然在于各个教训之中。然而，在个体悖论之外，我们能谈及一种研究道德哲学的"悖论"方式吗？我在导言中指出了要寻找道德悖论的哲学气质的几个特征。最后，"悖论方式"的优点与任何好的哲思不会有很大的差异：试图获得清晰化、韧性、抽象性想象、开放性和宽容不确定性的尝试朝着论证引领的方向前进。"悖论狩猎"只会倾向于在更大程度上与这些特征相关联。它寻求我们概念和理论中的缝隙，尊重所有看起来相关的直觉（即使它们是相互矛盾的），期望在弯曲而不是笔直的道路占上风，尤其适应自我参照、矛盾和荒谬。我希望出现更多具有悖论倾向的道德哲学家，因为依据我们已经了解的道德观念和道德现实，这样的发展将会是富有成果的。但我当然不会声称，这是研究道德哲学的唯一正确方法。

在我所探索的悖论中，某些议题、主题及倾向具有反复性。在有益退休悖论中，如果你不在"这里"发挥核心作用，事情将会如何发展？而且，在不因道德之恶而愧疚悖论和宁愿不出生悖论中，这种作用将更为彻底。无论是幸运的不幸悖论，还是不因道德之恶而愧疚悖论，我们都有这样的想法：对于糟糕事情的发生，我们可能会采取令人惊讶的不同观点。不因道德之恶而愧疚悖论和道德抱怨悖论表明，道德评价上的不好与错误之间可能存在差距，允许对它们缺乏悲伤（不因道德之恶而愧疚悖论），却不允许为它们的抱怨留有空间（道德抱怨悖论）。特别是对这两个悖论之间联系的进一步考察，对了解它们所表明的一般性"宽容"、自指以及相互缠绕的道德观应当是有益的。道德与道德价值悖论和幸运的不幸悖论分别考察了"显而易见"的好事之坏的一面，以及"显而易见"的坏事之好的一面。幸运的不幸悖论和宁愿不出生悖论显示了"部分"与"整体"在生活中发挥的作用，而且为我们判定其相对重要性留有余地。道德抱怨悖论和幸运的不幸悖论都涉及限制某些类别的人可以合理地抱怨的情况。随着我们继续思考，以及对个体悖论的逐步了解，这些联系将变得更加清晰。

130

我们应该因为悖论的存在而烦恼吗？在我们需要设法解决它们的意义上，我们是感到烦恼。悖论可能仅仅是我们理解流程中的一个阻碍。如果我们还没有认识到阻碍是可以消解的这一事实，那么我们就无法给自己的理解提供新的机会。我们不能毫无斗争就屈服于悖论，否则，对悖论的认识就非常没有说服力。除此之外，视情况而定。如果我们所有真诚的努力都以悖论告终，那么这就是我们学到的东西。或许，在对罪犯的判决中，还没有完全摆脱悖论（或者，有时候，我们应该接受免于惩罚悖论中的建议而强化它）。或许，许多人确实需要面对自己（不期望的）提前退休所涉及的个人方面的利益挑战。也许，尽管大多数悖论都揭示了它们深度隐藏的玄机，但勒索悖论的解决方案表明，有些道德是非常肤浅的，在道德上，这种肤浅程度比我们想象的要低得多。也许我们别无选择，只能进入从道德上把抱怨与约束分离开来的未知领域，这种结果可能看起来是难以置信的或者令人厌恶的。

对于道德现实和我们的伦理观，道德悖论的积聚教导了我们什么？它的存在的重要性是什么？首先，复杂性的普遍存在和准备应对意外变故的

131

需要显而易见。"不幸就是不幸"——令人惊讶的是，事情并非如此简单。"这个人可以抱怨吗？"这个问题的答案通常也不是如此简单。我们在同一个惩罚主题上有着非常不同的悖论，这个事实本身就很重要。很少有人在道德反思方面像威廉姆斯那样坦率、世故和敏感。但甚至他也认为，如果一个人宁愿不出生，那显然是因为他没有发现生命值得存在下去。这似乎是一个错误。平等主义理念应该是基于选择的这种很自然的思想，在我们看到它进入悖论的巢穴之前，具有很好的直觉意义。同样令人怀疑的是，从道德之恶到得出一个结论的"显而易见"的推论通常并不是这样。道德高尚的人在这种事上不应该感到高兴。阿尔伯特·爱因斯坦显然没有说，"一切都应该尽可能简单，但不是更简单"。

悖论与我们的规范伦理学理论之间的关系是复杂的和不确定的。冒着过于简单化的风险，在我看来，勒索悖论优先考虑的是功利，而宁愿不出生悖论则表明了人们的质朴性。两个关于正义与加重惩罚的悖论显示了同时坚守因果主义和义务论（应受的惩罚）的困难，没有任何迹象表明我们可以放弃其中一项。为了理解惩罚的道德意义而需要伦理理论的多样性，这使得事情存在悖论性。不感到愧疚悖论增加了美德理论的成分，而道德抱怨——自我反省，或许在很大程度上是与诸多道德本性相契合的。在理论层面也是如此，多样化得到了加强，这似乎是不可避免的。虽然理论有时（比如，在思考惩罚悖论时）是重要的，但理论并不都是十分有用的，而给定的悖论语境的细节却使这一切都不同了。

132　我们研究哲学时所运用的明显的分析方法有时是如何产生比大陆哲学更为典型的结果（比如"存在性悖论"，以及荒谬的普遍性）的？研究这个问题是很有趣的。在远东思想形式中，一些更为熟悉的结论（例如，需要接受不愉快的情况和理性的限制）也出现了。

道德情境的多样化与深度，以及我们看待事情的方式以非常显著的方式出现了，对此，我不再重申。悖论不仅仅是智力谜题，而是我们接触潜在的哲学结构、开辟可能性并提供洞见的切入点。它们展示了现实特有的复杂性、期待惊喜的必要性以及多样而深刻的普遍性。此外，现实似乎毫无问题是不正常的。在这种方式下，悖论如同我们道德和个人宇宙中的黑洞，那里发生着奇怪的事情。悖论展示了生活的不合理性，并与我们对抗。选择—平等主义的良好道德意图，加上对选择的合理性的强调，将它们引向了荒谬。不幸往往被证明是幸运的，这个事实使我们对情势的评估变得复杂起来，但除此之外，许多这样的情势以及它们的影响（比如，为了补偿，或者为了悔悟）肯定是反常的。道德的很多目标和道德价值的主要种类最终走向了相反的方向。有时，道德悖论带来的反常是一件好事。

在每个悖论中，基本价值观的多元化也清晰地显现出来。当我们理解了有益退休悖论所要求的完整性，或者惩罚就是道德"混乱"时，使用"悲剧"这个词通常不会不合适。悖论即刻显示了我们理性能力的优势，以及现实中非理性的普遍性。的确，通过揭示非理性，我们肯定了我们的理性和理解的能力。然而，当不安的理性能够取得真正的进步时，它仍然可能是不安的。我们理解得越多，就会有更多的悖论性事情出现，这种可能性是不能被排除的。我们应该继续研究道德哲学，但未来充分融洽而无悖论的道德前景看起来是很暗淡的。悖论仍旧存在。也许，我们不应为此感到太遗憾。正如我们在元悖论中所见，有悖论存在是好事，是有利于社会和个人发展的。此外，这些悖论还创造了一个喘息的空间，在这个空间里，人类的生活可以丰富多样，同时，这些悖论也有助于我们正确地看待我们的能力、我们的愿望和我们自己。的确，在人类的生活境况中，悖论似乎就是道德自身所固有的。

在任何情况下，开放、包容、慎重和理智的谦逊都是必要的。带着多样、复杂、深刻和反常，带着那些看得更深更远的人对悖论的惊奇期待，带着价值和关注的清晰的多样性，带着简单的口号、理论和期望的失败——无论我们对此做怎样的言说，道德都既不是简单的、教条的、滥醉的，也不是无聊的。

从定义上说，道德悖论要求我们不断地理解它，理解它发生了什么，意味着什么。正在展现的这幅道德现实和道德理解的图景深受悖论的影响但具有可塑性，需要被进一步探究。本着这种精神，结束我们的讨论似乎是错误的。

后记　未来与道德悖论

书籍给我的指导作用不如锻炼。

——米歇尔·德·蒙田（Michel de Montaigne），

《随笔》（*Essays*）

134　　有充分的理由认为，我们正处于人类能力和环境发生根本变化的边缘，在某种程度上，这必将影响我们的道德。新技术将使我们关于人类与社会的许多常识性假设变得过时。我们不知道这种变化的全部潜力，对其性质与影响也了解甚少，然而可以确信的是，这些变化将是很大的。

　　遗传工程、纳米技术以及生物和机械的整合，将增强人的认知能力、体能和情感能力。如果人们可以被彻底地、反复地修改（或修改自己），那么关于身份、选择、价值、主体和责任的问题就将以极端的方式发生改变。另一组问题涉及道德共同体的成员身份。迄今为止，我们的道德世界都是人类居住的世界，而在边缘，其他动物、新的超（或"反"）人、亚人和似人（比如，机器人）将成为我们未来社会中的成员，这就要求以全新的思维方式来思考对人的尊重、身体的神圣性、暴力、性别与平等这

135样的相关话题。监视、控制、操纵、沟通和知识的技术（例如，人们在撒谎时）将重新描绘个人良心和自我控制的作用以对抗社会力量，并提出维护身份、隐私和自主权的尖锐问题。根治疾病、延迟衰老和器官移植的技术，以及随之而来的寿命延长，将改变我们关于事业、机会、成功与失败乃至家庭的观念。新的化学和虚拟现实的能力、安全而持续的快乐诱导，将改变人类的体验。这些只是未来伦理学必须处理的主题和问题中的少数例子。

　　这种深远的前景对我们关注道德悖论有何影响？首先，我们可以问问，这种深远的前景将如何影响本书揭示的悖论。其中一些悖论可能会被彻底改变，甚至被消除。如果对人力劳动类型的需求大幅度减少，那么有益退休悖论就会更少。可能是通过更有效的预防犯罪的方式，或者人们不断增强的管理自身欲望的能力，或者加强社会控制来摒弃与惩罚相关的悖论。然而，即使这样，这些悖论在很长一段时间内仍可能存在。此外，这种悖论所带来的更深层次的道德思维的困惑（例如，关于诚信的作用，或是恐惧和操纵的作用）应当存留。其他悖论很可能以更熟悉的方式与我们共存。如果人类的生活以乌托邦的方式获得改善，那么道德与道德价值悖论就只会变得更加尖锐。很难想象，在一个认知清晰的人类世界里，道德抱怨悖论的自我矛盾将失去其显著地位；或者，在这个世界里，不幸永远不会被证明是幸运。那些认为规范性要素是至关重要的悖论，也很可能会继续存在：基线悖论对平等主义者来说是重要的，即使（如上所述）那些可能需要平衡的人——或者不需要平衡的人——将与我们今天打交道的人大不相同。不管技术如何变化，由对与勒索相似的其他社会实践的反思所引起的道德问题都可能继续存在。

　　根本的和迅速的变化所带来的更为显著的后果，可能是全新悖论的出现。让我们考虑一个例子，我称之为"特氟龙式不道德"（Teflon immorality）①。这涉及人们不道德行为的方式，由于种种原因，超出了道德（和法律）所规约的范围。自从人类社会诞生以来，这个问题就至关重要，不法分子总是试图逃脱被捕。但我们可以看到，如果一个做了错事人真的能够轻易地将自己变成他人（例如，通过抹除旧的记忆，植入新的记忆），那么责任问题将会变得更加严重。毕竟，根据我们目前的道德标准，在洗心革面之后，不会再有任何人被追究责任。这使道德陷入了荒唐的困境。这里不是一个详细考察这种前景的地方，但是，我们已经可以看到一些问题的轮廓，这些问题将使未来的道德悖论的探索者忙碌起来。

　　道德哲学是趋向于保守的。正如它忽视了道德悖论，尽管我们正在进

136

---

　　①　特氟龙是杜邦公司使用在其一系列氟聚合物产品上的注册商标，一种不粘锅涂层材料。——译者注

入一个拥有人类巨大力量和充满不确定性的时代，但道德哲学却几乎还没开始面对人类状态变迁的前景。全新选择的出现、不可预测与广泛变化的范围和速度，以及旧的确定性的崩溃，都可能产生自相矛盾和荒谬，并使未来更加充满悖论性。在后代人看来，没有比预测未来更容易使自己看起来像个傻子的了。然而，虽然现在无法预测未来的细节，但将会出现"未来的悖论"，而且似乎很有可能在未来我们将不得不应对一个高度悖论性的环境。这就意味着，适应道德悖论并反思我们如何应对它们，变得尤为重要。

我们可能会因为以下合理的期望而得到宽慰：未来人们的智慧也将大大提高，以至于他们能够认识并且能够更好地处理新的道德悖论。

137　　　很多悖论的存在或流行往往取决于社会选择：我们能够预测，如果我们允许应用技术 X，那么 Y 类型的悖论性后果就可能会出现。即使在今天，正如我们在"一个元悖论"（第十一章）中所看到的那样，当我们追问某些悖论的存在是好还是坏时，以及追问我们是应该限制它们还是应该强化它们时，我们仍然可对悖论的发生率做出一些选择。但是，尽管未来肯定会结束某些可能性，然而，在这些问题上，它也有可能提供更大的选择权。从这种路向来看，我们在本书中所做的工作超过了它带给我们的对于当前道德世界的教导。正是因为未来可能如此不同，甚至更加具有悖论性，所以我们需要学会处理悖论，并努力为即将出现的悖论做好准备。

参考文献

Arneson, Richard (1989) Equality and equality of opportunity for welfare. *138* *Philosophical Studies* 56, 77-93.

——(2000) Luck egalitarianism and prioritarianism. *Ethics* 110, 339-49.

Benatar, David (2006) *Better Never to Have Been*. Clarendon Press, Oxford.

Brams, Steven J. (1976) *Paradoxes in Politics*. The Free Press, New York.

Clark, Michael (1994) There is no paradox of blackmail. *Analysis* 54, 54-61.

——(2002) *Paradoxes from A to Z*. Routledge, London.

Cohen, G. A. (1989) On the currency of egalitarian justice. *Ethics* 99, 906-44.

Cohen, L. Jonathan (1981) Who is starving whom? *Theoria* 47, 65-81.

Feinberg, Joel (1988) The paradox of blackmail. *Ratio Juris* 11, 83-95.

——(1992) Wrongful life and the counterfactual element in harming. *Freedom and Fulfilment*. Princeton University Press, Princeton.

Fletcher, George P. (1993) Blackmail: the paradigmatic crime. *University of Pennsylvania Law Review* 141, 1617-38.

Gawande, Atul (2004) The bell curve. *New Yorker* <http://www.newyorker.com/printables/fact/041206fa_fact>

Goleman, Daniel (1985) *Vital Lies, Simple Truths*. Simon & Schuster, New York.

Gorr, Michael (1992) Liberalism and the paradox of blackmail. *Philoso-*

phy and Public Affairs 21, 43-66.

139   Greenspan, Patricia S. (1980) A case of mixed feelings: ambivalence and the logic of emotion. In Amélie Oksenberg Rorty (ed.), *Explaining Emotions*. University of California Press, Berkeley.

Hart, H. L. A. (1970) *Punishment and Responsibility*. Clarendon Press, Oxford.

Heyd, David (1992) *Genethics*. University of California Press, Berkeley.

Hurka, Thomas (1993) *Perfectionism*. Oxford University Press, New York.

James, William (1982) The moral equivalent of war. *Essays in Religion and Morality*. Harvard University Press, Cambridge, Mass.

Kagan, Shelley (1989) *The Limits of Morality*. Clarendon Press, Oxford.

Kamm, F. M. (1993) *Morality, Mortality*, vol. 1. Oxford University Press, New York.

Kant, Immanuel (1986) *Groundwork of the Metaphysics of Morals*, trans. H. J. Paton as *The Moral Law*. Hutchinson, London.

Kavka, Gregory S. (1987) *Moral Paradoxes of Nuclear Deterrence*. Cambridge University Press, Cambridge.

Klein, Martha (1990) *Determinism, Blameworthiness and Deprivation*. Oxford University Press, Oxford.

Lenman, James (2007) Why I have no plans to retire: in defense of moderate professional complacency. *Ratio*, forthcoming.

Levi, Primo (1987) *If This is a Man*. Abacus, London.

Lindgren, James (1984) Unravelling the paradox of blackmail. *Columbia Law Review* 84, 670-717.

Lippert-Rasmussen, Kasper (2004) Smilansky's baseline objection to choice-egalitarianism. *SATS: Nordic Journal of Philosophy* 5, 147-50.

Lukes, Steven (1985) Taking morality seriously. In Ted Honderich (ed.), *Morality and Objectivity*. Routledge & Kegan Paul, London.

Mack, Eric (1982) In defense of blackmail. *Philosophical Studies* 41,

273−84.

McMahan, Jeff (1985) Deterrence and deontology. In Russell Hardin, John J. Mearsheimer, Gerald Dworkin, and Robert E. Goodin (eds.), *Nuclear Deterrence Ethics and Strategy*. University of Chicago Press, Chicago.

Manor, Tal (2005) Inequality: mind the gap! A reply to Smilansky's paradox of the baseline. *Analysis* 65, 265−8.

Murphy, Jeffrie G. (1980) Blackmail: a preliminary inquiry. *Monist* 63, 156−71.

Nagel, Thomas (1998) Concealment and exposure. *Philosophy and Public Affairs* 27, 3−30.

New, Christopher (1992) Time and punishment. *Analysis* 52, 35−40. *140*

——(1995) Punishing times: reply to Smilansky. *Analysis* 55, 60−2.

Olin, Doris (2003) *Paradox*. Acumen, Chesham.

Parfit, Derek (1984) *Reasons and Persons*. Clarendon Press, Oxford.

——(1986) Overpopulation and the quality of life. In Peter Singer (ed.), *Applied Ethics*. Oxford University Press, Oxford.

Poundstone, William (1990) *Labyrinths of Reason*. Anchor Books, New York.

Priest, Graham (2006) *In Contradiction*. 2nd edn. Clarendon Press, Oxford.

Quine, W. V. (1976) *The Ways of Paradox and Other Essays*. Harvard University Press, Cambridge, Mass.

Rakowski, Eric (1991) *Equal Justice*. Clarendon Press, Oxford.

Rawls, John (2000) *A Theory of Justice*. Rev. edn. Harvard University Press, Cambridge, Mass.

Rescher, Nicholas (2001) *Paradoxes: Their Roots, Range, and Resolution*. Open Court, Chicago.

Sainsbury, R. M. (1996) *Paradoxes*. 2nd edn. Cambridge University Press, Cambridge.

Singer, Peter (1972) Famine, affluence, and morality. *Philosophy and*

Public Affairs 1, 229—43.

Smilansky, Saul (1990) Utilitarianism and the "punishment" of the innocent: the general problem. *Analysis* 50, 29—33.

——(1992) Two apparent paradoxes about justice and the severity of punishment. *Southern Journal of Philosophy* 30, 123—8.

——(1994a) The ethical advantages of hard determinism. *Philosophy and Phenomenological Research* 54, 355—63.

——(1994b) Fortunate misfortune. *Ratio* 7, 153—63.

——(1994c) On practicing what we preach. *American Philosophical Quarterly* 31, 73—9.

——(1994d) The time to punish. *Analysis* 54, 50—3.

——(1995a) May we stop worrying about blackmail? *Analysis* 55, 116—20.

——(1995b) Nagel on the grounds for compensation. *Public Affairs Quarterly* 9, 63—73.

—— (1996a) Responsibility and desert: defending the connection. *Mind* 105, 157—63.

——(1996b) The connection between responsibility and desert: the crucial distinction. *Mind* 105, 385—6.

—— (1997a) Egalitarian justice and the importance of the free will problem. *Philosophia* 25, 153—61.

——(1997b) Preferring not to have been born. *Australasian Journal of Philosophy* 75, 241—7.

——(2000) *Free Will and Illusion*. Oxford University Press, Oxford.

——(2001) Blackmail. *Encyclopaedia of Ethics*. 2nd edn. Routledge, London.

——(2003) Choice-egalitarianism and the paradox of the baseline. *Analysis* 63, 146—51.

——(2004) Reply to Kasper Lippert-Rasmussen on the paradox of the baseline. *SATS: Nordic Journal of Philosophy* 5, 15—3.

——(2005a) On not being sorry about the morally bad. *Philosophy* 80,

261−5.

—— (2005b) The paradoxical relationship between morality and moral worth. *Metaphilosophy* 36, 490−500.

——(2005c) The paradox of beneficial retirement. *Ratio* 18, 332−7.

——(2005d) Choice-egalitarianism and the paradox of the baseline: a reply to Manor. *Analysis* 265, 333−7.

——(2006a) The paradox of moral complaint. *Utilitas*, 18, 284−90.

——(2006b) Some thoughts on terrorism, complaint, and the self-reflexive and relational nature of morality. *Philosophia*, 34, 65−74.

——(2007) The paradox of beneficial retirement: a reply to Lenman. *Ratio*, forthcoming.

Sorensen, Roy (2003) *A Brief History of the Paradox*. Oxford University Press, New York.

Statman, Daniel, ed. (1993) *Moral Luck*. SUNY Press, Albany, NY.

Taylor, Shelley E. (1989) *Positive Illusions*. Basic Books, New York.

Temkin, Larry S. (2003) Egalitarianism defended. *Ethics* 113, 764−82.

Velleman, J. David (2000) Well-being and time. *The Possibility of Practical Reason*. Oxford University Press, Oxford.

Williams, Bernard (1973a) Ethical consistency. *Problems of the Self*. Cambridge University Press, Cambridge.

——(1973b) A critique of utilitarianism. In J. J. C. Smart and Bernard Williams, *Utilitarianism: For and Against*. Cambridge University Press, Cambridge.

——(1985) *Ethics and the Limits of Philosophy*. Fontana, London.

——(1995) Resenting one's own existence. *Making Sense of Humanity*. Cambridge University Press, Cambridge.

索 引

absurd（ity）荒谬的 22，115－19，
 128，132－3
  and choice-egalitarianism 选择－平
 等主义 67，71－2，74，76
  and moral worth 道德价值 82，
 88－9
  and paradox 悖论 3－5
  and punishment 惩罚 38，40－1
Aristotle 亚里士多德 69
Arneson，Richard 理查德·安纳森
 68

Benatar，David 大卫·贝纳特 109
blackmail 勒索
  conceptual paradox of 概念性勒索
 悖论 44－5
  definition of 定义 42－3
  substantive paradox of 实质性勒索
 悖论 45－9
Brams，Steven J. J. 斯蒂芬·勃拉
 姆斯 10n

choice 选择 19，41，84－5，124，
 130，132
  and blackmail 勒索 45，48
  and egalitarianism 平等主义 67－
 76
  and non-punishment 免于惩罚
 51－2，55－8
Cicero 西塞罗 53
Clark，Michael 迈克尔·克拉克
 1，44
Cohen，G. A. G. A. 科恩 68
Cohen，L. Jonathan L. 乔纳森·科
 恩 84
consequentialism 结果主义
  see utilitarianism contractual ethics
 参见功利主义契约伦理 30，
 48，131
  crime and criminals 犯罪与罪犯
  see punishment cynicism 参见惩罚
 玩世不恭 46，79，97

deontology 道义论 30，34，46，48，

译后记

翻译《10个道德悖论》是一个难得的机缘。

之所以说难得，是因为这与我和"悖论"乃至和"道德悖论"的思绪纠缠分不开。15年来的相关研究，期待一个由潜在到显在的表达机会。早在2003年，我拜师学术思想渐成体系的当代哲学家和逻辑学家、南京大学张建军先生攻读博士学位，张先生是国内外知名的悖论研究专家，我有幸得师真传，在师门专心研读和领悟"悖论"。在顺利完成以"悖论"为研究对象的博士论文之后，我再以"悖论"为研究主题，继续深掘，相继获得2项教育部人文社科规划项目、1项中国博士后科学基金项目、1项国家社科基金后期资助项目。基于泛悖论的研究视域，2006年下半年，"道德悖论"进入我的视野，我予以倾力关注，随后在《哲学动态》2007年第7期发表了《道德悖论与道义悖论：关涉伦理理论的两类悖论研究述要》、在《安徽师范大学学报》2007年第5期发表了《关于道德悖论属性的思考：从逻辑的观点看》等专题论文。随着研究的深入，国外道德悖论研究的历史及其成果逐渐被梳理出来。史密兰斯基于2007年出版的这本《10个道德悖论》，我在2009年便搜罗到手。2011年，我在《安徽师范大学学报》发表的《国外"道德悖论"研究概要与批判》（2011年第4期）、在《道德与文明》发表的《中外"道德悖论"比较研究》（2011年第5期），都涉及对《10个道德悖论》之内容的评析。应该说，在国外众多涉论道德悖论的文献中，如R.尼布尔著的《道德的人与不道德的社会》（蒋庆等译，贵州人民出版社，1998），再如克里斯托夫·高恩斯（Christopher W. Gowans）主编的论文集《道德两难》（*Moral Dilemmas*）（牛津大学出版社，1987）等，我比较喜爱史密兰斯基的这本主题较为集中、论证较为系统的书。为此，我特地写了《有待廓清的"道德悖论"：S. 史密兰斯基道德悖论思想批判》（《河南社会科学》，2015 年第 8 期）一文，对其做了评析。

在我自己阅读史密兰斯基这本书的同时，我还带领伦理学和思想政治教育专业的硕士生阅读。同学们或一人翻译一章，或几人翻译一章，我们在课堂上细致地品味和剖析。这种基于原文的资料解读是有教学效果的。仅就我本人指导的学生而言，2009 级思想政治教育专业硕士生李景玲，在翻译和解读第九章"道德抱怨悖论"之后，写作了《道德悖论视域下的道德控诉悖论：对 Saul Smilansky 理论中道德控诉悖论的理解》，发表于《陕西理工学院学报》2011 年第 3 期；2010 级伦理学硕士生樊帅领，在翻译和解读第八章"道德与道德价值悖论"之后，写作了《道德聚焦悖论探析》，发表于《齐齐哈尔大学学报》2012 年第 1 期；2011 级伦理学专业硕士生江艳，在完整阅读该著作之后，于 2014 年顺利完成了学位论文《道德基线悖论研究》；等等。

与《10 个道德悖论》有如此之多、历时如此之久的接触，现在有机会将其完整地翻译出版，不能不说是一种难得的机缘。

机缘总是可遇不可求。以当前的出版情况来看，单独翻译出版一本书是有很大难度的，而以丛书方式翻译出版又非平常学者所能为之。有幸的是，在国际学界有广泛影响的北京大学陈波教授，近年来对悖论感兴趣，不仅出版了《悖论研究》《思维魔方：让哲学家和数学家纠结的悖论》等著作，而且以自己在国际学界的影响，遴选并组织翻译出版"悖论研究译丛"。史密兰斯基的这本书被列入其中，而我本人也有幸能入陈波老师的法眼，受邀翻译，让我能将多年琢磨的史密兰斯基的《10 个道德悖论》翻译出版，这份机缘何其难得。

其实，这本书的翻译工作并不是在接到陈波老师和中国人民大学出版社的委托之后才开始的。如前所述，早在 2009 年这项工作就已经开始。我指导的数届研究生已经多次逐章翻译，为该书这次完整的呈现打下了基础。在我接受这本书的翻译任务之后，2015 级思想政治教育专业硕士生赵玉婷重新整理了同学们先前翻译的文稿，并且在学长们工作的基础上进行加工修正。在这些同学工作的基础上，我对全书进行逐句翻译，并做了比较和斟酌。在此，要对我的学生们表示谢意。同时，还要特别感谢安徽师范大学马克思主义学院陈旭东副教授给予的帮助。

在本书翻译过程中，陈波教授领衔申报的 2017 年度国家社科基金重大项目"当代逻辑哲学重大前沿问题研究"（17ZDA024）获得立项，我忝在子课题"对悖论的系统性研究"成员之列。本书的翻译是该项目的成果之一。同时，本书的翻译还得到了以中国社会科学院哲学研究所杜国平教授为首席专家的 2014 年度国家社科基金重大项目"应用逻辑与逻辑应用研究"（14ZBD014）（我为其子课题"应用逻辑与逻辑应用贯通研究"的负责人）的资助，在此深表谢意。同时，还要感谢中国人民大学出版社学术出版中心杨宗元老师的信任和宽容。按照事先的约定，译稿的提交已经迟到了。感谢责任编辑罗晶的细致工作，让本书增色很多。

2017 年的江南冬季，寒意迟迟不肯退场。时值 2018 年 3 月中旬，本该谢幕的各色玉兰才沐浴在狗年的暖阳中吐蕊绽放。当我敲下最后一个字符准备提交译稿的时候，被春寒凝结的情绪顿如那满园芬芳的玉兰……

由于本人的能力有限，译稿中不免有错讹之处，敬请方家批评指正。

王习胜

2018 年 3 月 14 日

记于江城芜湖天泽书房

守望者书目

001　正义的前沿

[美] 玛莎·C. 纳斯鲍姆（Martha C. Nussbaum）　著

作者玛莎·C. 纳斯鲍姆，美国哲学家，人文与科学院院士，当前美国最杰出、最活跃的公共知识分子之一。现为芝加哥大学法学、伦理学佛罗因德（Ernst Freund）杰出贡献教授，同时受聘于该校 7 个院（系）。2003 年荣列英国《新政治家》杂志评出的"**我们时代的十二位伟大思想家**"之一；2012 年获西班牙阿斯图里亚斯王子奖，被称为"**当代哲学界最具创新力和最有影响力的声音之一**"。最具代表性的著作有：《善的脆弱性》《诗性正义》。

作为公平的正义真的无法解决吗？本书为我们呈现女性哲学家的正义探索之路。本书从处理三个长期被现存理论特别是罗尔斯理论所忽视的、亟待解决的社会正义问题入手，寻求一种可以更好地指引我们进行社会合作的社会正义理论。

002　寻求有尊严的生活——正义的能力理论

[美] 玛莎·C. 纳斯鲍姆（Martha C. Nussbaum）　著

诺贝尔经济学奖得主阿玛蒂亚·森鼎力推荐。伦敦大学学院乔纳森·沃尔夫教授对本书评论如下："一项非凡的成就：文笔优美，通俗易懂。同阿玛蒂亚·森教授一道，纳斯鲍姆是正义的'能力理论'的开创者之一。**这是自约翰·罗尔斯的作品以来，政治哲学领域最具原创性和影响力的发展。**这本书对纳斯鲍姆理论的首次全盘展示，不仅包括了其核心元素，也追溯了其理论根源并探讨了相关的政策意义。"

003　教育与公共价值的危机

[美] 亨利·A. 吉鲁（Henry A. Giroux）　著

亨利·A. 吉鲁（1943—　），著名社会批评家，美国批判教育学的创始理论家之一，先后在波士顿大学、迈阿密大学和宾夕法尼亚州立大学任教。2002 年，吉鲁曾被英国劳特利奇出版社评为当代 50 位教育思想家之一。

本书荣获杰出学术著作称号，获得美国教学和课程协会的年度戴维斯图书奖，美国教育研究协会 **2012 年度批评家评选书目奖**。本书考察了美国社会的公共价值观转变以及背离民主走向市场的教育模式。本书鼓励教育家成为愿意投身于创建构成性学习文化的公共知识分子，培养人们捍卫作为普遍公共利益的公立教育和高等教育的能力，因为这些对民主社会的生存来说至关重要。

004　康德的自由学说

卢雪崑　著

卢雪崑，牟宗三先生嫡传弟子，1989 年于钱穆先生创办的香港新亚研究所获哲学博士学位后留所任教。主要著作有《意志与自由——康德道德哲学研究》《实践主体与道德法则——康德实践哲学研究》《儒家的心性学与道德形上学》《通书太极图说义理疏解》。

本书对康德的自由学说进行了整体通贯的研究，认为康德的自由学说绝非如黑格尔以来众多康德专家曲解的那样，缺乏生存关注、贱视人的情感、只是纯然理念的彼岸与虚拟；康德全部批判工作可说是一个成功证立"意志自由"的周全论证整体，康德批判地建立的自由学说揭示了"自由作为人的存在的道德本性"，"自由之原则作为实存的原则"，以此为宗教学、德性学及政治历史哲学奠定彻底革新的基础。

005　康德的形而上学

卢雪崑　著

自康德的同时代人——包括黑格尔——对康德的批判哲学提出批判至今，种种责难都借着"持久的假象就是真理"而在学术界成为公论。本书着眼于康德所从事的研究的真正问题，逐一拆穿这些公论所包含的假象。

006 客居忆往

洪汉鼎 著

洪汉鼎，生于 1938 年，我国著名斯宾诺莎哲学、当代德国哲学和诠释学专家，现为北京市社会科学院哲学研究所研究员，山东大学中国诠释学研究中心名誉主任，杜塞尔多夫大学哲学院客座教授，成功大学文学院客座讲座教授。20 世纪 50 年代在北京大学受教于贺麟教授和洪谦教授，70 年代末在中国社会科学院哲学所担任贺麟教授助手，1992 年被评为享受国务院政府特殊津贴专家，2001 年后在台湾多所大学任教。德文专著有《斯宾诺莎与德国哲学》、《中国哲学基础》、《中国哲学辞典》（三卷本，中德文对照），中文专著有《斯宾诺莎哲学研究》、《诠释学——它的历史和当代发展》、《重新回到现象学的原点》、《当代西方哲学两大思潮》（上、下册）等，译著有《真理与方法》《批评的西方哲学史》《知识论导论》《诠释学真理?》等。

本书系洪汉鼎先生以答学生问的形式而写的学术自述性文字，全书共分为三个部分。第一部分是作者个人从年少时代至今的种种经历，包括无锡辅仁中学、北京大学求学、反右斗争中误划为右派、"文化大革命"中发配至大西北、改革开放后重回北京、德国进修深造、台湾十余年讲学等，整个经历充满悲欢离合，是幸与不幸、祸与福的交集；第二部分作者透过个人经历回忆了我国哲学界 20 世纪 90 年代之前的情况，其中有师门的作风、师友的关系、文人的特性、国际的交往，以及作者个人的哲学观点，不乏一些不为人知的哲坛趣事；第三部分是作者过去所写的回忆冯友兰、贺麟、洪谦、苗力田诸老师，以及拜访伽达默尔的文章的汇集。

007 西方思想的起源

聂敏里 著

聂敏里，中国人民大学哲学院教授，博士生导师，中国人民大学首批杰出人文学者，主要从事古希腊哲学的教学和研究，长期教授中国人民大学哲学院本科生的西方哲学史专业课程。出版学术专著《存在与实体——亚里士多德〈形而上学〉Z卷研究（Z 1-9）》《实体与形式——亚里士多德〈形而上学〉Z卷研究（Z 10-17）》，译著《20世纪亚里士多德研究文选》《前苏格拉底哲学家——原文精选的批评史》，在学界享有广泛的声誉。《存在与实体》先后获得北京市第十三届哲学社会科学优秀成果奖二等奖、教育部第七届高等学校科学研究优秀成果奖（人文社会科学）三等奖，《实体与形式》入选2015年度"国家哲学社会科学成果文库"。

本书是从中国学者自己的思想视野出发对古希腊哲学的正本清源之作。它不着重于知识的梳理与介绍，而着重于思想的分析与检讨。上溯公元前6世纪的米利都学派，下迄公元6世纪的新柏拉图主义，上下1 200余年的古希腊哲学，深入其思想内部，探寻其内在的本体论和认识论的思想根底与究竟，力求勾勒出西方思想最初的源流与脉络，指陈其思想深处的得失与转捩，阐明古希腊哲学对两千余年西方思想的奠基意义与形塑作用。

008　现象学：一部历史的和批评的导论

［爱尔兰］德尔默·莫兰（Dermot Moran）　著

德尔默·莫兰为国际著名哲学史家，爱尔兰都柏林大学哲学教授（形上学和逻辑学），前哲学系主任，于2003年入选爱尔兰皇家科学院，并担任2013年雅典第23届国际哲学大会"学术规划委员会"主席。莫兰精通欧陆哲学、分析哲学、哲学史等，而专长于现象学和中世纪哲学。主要任教于爱尔兰，但前后在英、美、德、法等各国众多学校担任客座或访问教授，具有丰富的教学经验。莫兰于2010年在香港中文大学主持过现象学暑期研究班。

本书为莫兰的代表作。莫兰根据几十年来的出版资料，对现象学运动中的五位德语代表哲学家（布伦塔诺、胡塞尔、海德格尔、伽达默尔和阿伦特）和四位法语代表哲学家（莱维纳、萨特、梅洛庞蒂和德里达）的丰富学术思想，做了深入浅出的清晰论述。本书出版后次年即荣获巴拉德现象学杰出著作奖，并成为西方各大学有关现象学研习的教学参考书。

本书另一个特点是，除哲学家本人的思想背景和主要理论的论述之外，不仅对各相关理论提出批评性解读，而且附有关于哲学家在政治、社会、文化等方面的细节描述，也因此增加了本书的吸引力。

009 自身关系

[德] 迪特尔·亨利希（Dieter Henrich） 著

迪特尔·亨利希（1927— ），德国哲学家，1950 年获得博士学位，导师是伽达默尔。1955—1956 年在海德堡大学获得教授资格，1965 年担任海德堡大学教授，1969 年起成为国际哲学协会主席团成员，1970 年担任国际黑格尔协会主席。海德堡科学院院士、哈佛大学终身客座教授、东京大学客座教授、慕尼黑大学教授、巴伐利亚科学院院士、亚勒大学客座教授、欧洲科学院院士以及美国艺术与科学院外籍院士。先后获得图宾根市颁发的荷尔德林奖、斯图加特市颁发的黑格尔奖等国际级奖项，是德国观念论传统的当代继承人。

迪特尔·亨利希以"自身意识"理论研究闻名于世，毫无疑问，本书是他在这方面研究最重要的著作之一。本书围绕"自身关系"这一主题重新诠释了德国观念论传统，讨论了三种形式的自身关系：道德意识的自身关系、意识中的自身关系和终极思想中的自身关系，展示了"自身关系"的多维结构与概念演进，形成了一个有机的整体。本书是哲学史研究与哲学研究相互结合的典范之作，无论是在哲学观念上还是在言说方式上都证明了传统哲学的当代有效性。

010 佛之主事们——殖民主义下的佛教研究

[美] 唐纳德·S. 洛佩兹（Donald S. Lopez, Jr.） 编

唐纳德·S. 洛佩兹，密歇根大学亚洲语言和文化系的佛学和藏学教授。美国当代最知名的佛教学者之一，其最著名的著作有《香格里拉的囚徒》（芝加哥大学出版社，1996）、《心经诠释》（芝加哥大学出版社，1998）、《疯子的中道》（芝加哥大学出版社，2007）、《佛教与科学》（芝加哥大学出版社，2010）等，还主编有《佛教诠释学》（夏威夷大学出版

社，1992）、《佛教研究关键词》（芝加哥大学出版社，2005）等，同时他还是普林斯顿大学出版社出版的"普林斯顿宗教读物"（Princeton Readings of Religion）丛书的总主编。

本书是西方佛教研究领域的第一部批评史，也是将殖民时代和后殖民时代的文化研究的深刻见解应用于佛教研究领域的第一部作品。在对 19 世纪早期佛教研究的起源作了一个概述后，本书将焦点放在斯坦因（A. Stein）、铃木大拙（D. T. Suzuki），以及荣格（C. G. Jung）等重要的"佛之主事者"上。他们创造并维系了这一学科的发展，从而对佛教在西方的传播起了重要的作用。

本书按年代顺序记录了在帝国意识形态的背景下，学院式佛教研究在美洲和欧洲的诞生和发展，为我们提供了佛教研究领域期盼已久的系谱，并为我们对佛教研究的长远再构想探明了道路。本书复活了很多重要而未经研究的社会、政治以及文化状况——一个多世纪以来是它们影响了佛教研究的发展过程，而且常常决定了人们对一系列复杂传统的理解。

011　10 个道德悖论

[以] 索尔·史密兰斯基（Saul Smilanky）　著

索尔·史密兰斯基是以色列海法大学（the University of Haifa）哲学系教授。他是广受赞誉的《自由意志与幻觉》（*Free Will and Illusion*，2000）一书的作者，并在《南方哲学》（*Southern Journal of Philosophy*）、《澳大利亚哲学》（*Australian Journal of Philosophy*）、《实用》（*Utilitas*）等重要哲学期刊上发表了《两个关于正义与加重惩罚的明显的悖论》（"Two Apparent Paradoxes about Justice and the Severity of Punishment"）、《宁愿不出生》（"Preferring not to Have Been Born"）、《道德抱怨悖论》（"The Paradox of Beneficial Retirement"）等多篇论文。

从形而上学到逻辑学，悖论在哲学研究中的重要性可以从其丰富的文献上得到显现。但到目前为止，在伦理学中很少见到对悖论的批判性研究。在伦理学的前沿工作中，《10 个道德悖论》首次为道德悖论的中心地位提供了有力的证据。它提出了 10 个不同的、原创的道德悖论，挑战了我们某些最为深刻的道德观点。这本具有创新性的书追问了道德悖论的存在究竟是有害的还是有益的，并且在更为广泛的意义上探讨了悖论能够在道德和生活上教给我们什么。

图书在版编目（CIP）数据

10 个道德悖论/（以）索尔·史密兰斯基（Saul Smilansky）著/王习胜译. —
北京：中国人民大学出版社，2018.11
　　ISBN 978-7-300-26307-6

　　Ⅰ.①1… Ⅱ.①索…②王… Ⅲ.①道德-研究 Ⅳ.①B82

　　中国版本图书馆 CIP 数据核字（2018）第 232139 号

悖论研究译丛
主编　陈波
10 个道德悖论
［以］索尔·史密兰斯基（Saul Smilansky）著　王习胜 译
10 Ge Daode Beilun

出版发行	中国人民大学出版社			
社　址	北京中关村大街 31 号		**邮政编码**	100080
电　话	010－62511242（总编室）		010－62511770（质管部）	
	010－82501766（邮购部）		010－62514148（门市部）	
	010－62515195（发行公司）		010－62515275（盗版举报）	
网　址	http://www.crup.com.cn			
	http://www.ttrnet.com（人大教研网）			
经　销	新华书店			
印　刷	北京联兴盛业印刷股份有限公司			
规　格	160 mm×230 mm　16 开本		**版　次**	2018 年 11 月第 1 版
印　张	9.5 插页 2		**印　次**	2018 年 11 月第 1 次印刷
字　数	128 000		**定　价**	38.00 元